La exploración dérmica

Libros de Idries Shah

Estudios Sufis y literatura de Medio Oriente
Los Sufis
Caravana de sueños
El camino del Sufi
Cuentos de los derviches: *Cuentos-enseñantes milenarios*
Pensamiento y acción Sufi

**Psicología tradicional,
encuentros enseñantes y narrativas**
Pensadores de Oriente: *Estudios sobre empirismo*
La sabiduría de los idiotas
La exploración dérmica
Aprender cómo aprender: *Psicología y
espiritualidad en la vía Sufi*
Saber cómo saber
El monasterio mágico: *Filosofía analógica y práctica*
El buscador de la verdad
Observaciones
Noches con Idries Shah
El yo dominante

Disertaciones universitarias
Un escorpión perfumado (Instituto para el estudio
del conocimiento humano – ISHK – y la Universidad
de California)
Problemas especiales en el estudio
de ideas Sufis (Universidad de Sussex)
El elefante en la oscuridad: *Cristianismo,
Islam y los Sufis* (Universidad de Ginebra)
Aspectos negligidos del estudio Sufi: *Empezando a
empezar* (The New School for Social Research)
Cartas y disertaciones de Idries Shah

Ideas actuales y tradicionales
Reflexiones
El libro del libro
Una gacela velada: *Viendo cómo ver*
Iluminación especial: *El uso Sufi del humor*

Corpus del Mulá Nasrudín
Las ocurrencias del increíble Mulá Nasrudín
Las sutilezas del inimitable Mulá Nasrudín
Las hazañas del incomparable Mulá Nasrudín
El mundo de Nasrudín

Viajes y exploraciones
Destino: La Meca

Estudios sobre creencias minoritarias
El conocimiento secreto de la magia
Magia oriental

Cuentos selectos y sus trasfondos
Cuentos del mundo

Una novela
Kara Kush

Trabajos sociológicos
La Inglaterra tenebrosa
Los nativos están inquietos
El manual de los ingleses

Traducidos por Idries Shah
Los cien cuentos de la sabiduría (El *Munaqib* de Aflaki)

LA EXPLORACIÓN DÉRMICA

Idries Shah

ISF PUBLISHING

Título original: *The Dermis Probe*
Publicado en inglés por ISF Publishing

Traducción de ISF Publishing

Copyright © The Estate of Idries Shah

El derecho de los herederos de Idries Shah a ser identificados como los dueños de este trabajo ha sido reivindicado según la ley 1988 de copyright, diseños y patentes (Reino Unido).

Todos los derechos reservados
Copyright mundial

No está permitida la reproducción total ni parcial de este libro, ni la recopilación en un sistema informático, ni la transmisión por medios electrónicos, mecánicos, por fotocopias, por registro o por otros métodos – salvo de breves extractos a efectos de reseña – sin la autorización previa y por escrito del editor o del propietario del copyright.

Las solicitudes de permisos para reimprimir, editar, reproducir, etc., deben ser dirigidas a:
The Permissions Department
ISF Publishing
The Idries Shah Foundation
P.O. Box 71911
London NW2 9QA
United Kingdom
permissions@isf-publishing.org

ISBN 978-1-78479-922-9

Primera edición en inglés: 1970
Edición actual: 2019

En asociación con The Idries Shah Foundation

Índice

Prefacio: Peces dorados   xiii

La exploración dérmica	1
Saludo al ladrón	9
El crítico	11
Los materiales de la localidad	13
Lo extraño se convierte en cotidiano	16
Servicio invisible	18
Despedido	20
Cuatro comunidades	22
Súplicas acumuladas	26
Opinión y hecho	28
El círculo completo	33
Los locos	38
Un grupo de Sufis	41

Salik en el camino a Qandahar	43
Ausente	45
Tres maestros Sufis	47
Conocimiento secreto	50
La horda	54
Invisible	57
Ahmed Yasavi	59
El vapor de la olla de Ikhtiari	62
El viaje	65
No lo sé	70
Cómo obtuvo Cachemira (Kashmir) su nombre	72
El camino que parece conducir a la inutilidad...	77
Anwar	82
Cualidades	85
Anwar Abbasi	89
Protección	93
El aristócrata	95
Pena y alegría	99
El mago	101

Gramática	105
Insatisfecho	109
Convicción	111
El tomador de luz	114
Interpretación	121
Yusuf, hijo de Hayula	126
En China	130
Causar molestia	132
Desalentando visitantes	136
Bahaudin	138
Leyendo	140
Ojos y luz	144
Kasab de Mazar	146
Dinero	150
Digestión	152
Objetivo	154
El alimento del pavorreal	156
El hombre perfecto	159
Ahora comienza	161
Mil dinares	163
Las pruebas terribles	165

Hombres y camellos	167
Exclamaciones ilustrativas	169
El éxito en el discipulado	171
Granadas	173
El durmiente	177
Abdali	180
La piedra	183
Sin cadenas	185
Musa de Isfahan	187
Sandalias	189
Lucha	190
El indagador yemenita	193
El viaje de Minai	197
La leyenda del médico oculto	206
Solo tres hombres en el mundo	211
El palacio del Hombre de Azul	220
El hombre que quería conocimiento	226
El manto	230
Historia no escrita	234
La leyenda del ganadero	236
La desventaja	241

Cómo funcionan las cosas	243
Tres pueblos	247
El sutra de la negligencia	251
Remedio	257
En el país de los tontos	259
Cocinando el repollo	262
La rama	264
La fruta	266
La Palabra Mágica	269
Cómo demostrarlo	271
Anhelando	273
Hombre y Sufi	275
El libro	276
La condición derviche	282
La sala de reflexión en Doshambe	284
Aprendiendo de los inmaduros	288
Celeridad y respeto	290
Los lisiados	292
Nombres	294
Repetición	295
Ladrillos y paredes	297

El pozo y el hilo	300
La ardilla	302
Comportamiento	305
Bahaudin Naqshband dijo:	307
Genealogía	309
Uno de los nuestros	311
Tres razones	313
Exilio	316
La medicina	318
La respuesta de Ansari	323
Un par de consejos	327
Los regalos	330
El zorro que fue hecho sufi	334
Cuando un hombre viene a verte	337
Notas	340

Prefacio

PECES DORADOS

Una vez un hombre quiso observar peces dorados. Su objetivo era ver si alguna de sus peculiaridades podría ayudar a los científicos a comprender ciertas condiciones nerviosas humanas.

Encontró un mecenas para financiar el trabajo y viajó a un país lejano para llevar a cabo su investigación.

Sin embargo, poco después de que comenzase su observación de los peces dorados las autoridades descubrieron que carecía de las licencias y certificados necesarios: al examinar los peces dorados había quebrantado la ley.

A pesar de haberse graduado en la universidad y ser un experto en la psicología de los peces, este hombre no estaba al tanto de las reglamentaciones locales y la mentalidad de aquellos que las habían establecido e interpretado.

En este libro podrás encontrar ilustradas algunas de las peculiaridades de pensamiento en el país que es el mundo actual, visto por sus habitantes y por aquellos que se autodenominan visitantes.

Por cierto, si crees que a un científico se le permite observar al pez dorado sin permiso, lee el Informe del Ministerio del Interior (Inglaterra), Decreto sobre la Crueldad con los Animales – publicado en 1968 –, donde dicha ofensa está oficialmente tipificada.

IDRIES SHAH

Los viajeros y el elefante

Hace más de ochocientos años, el filósofo Hakim Majdud Sanai de Ghazna (Afganistán), en su *Jardín Amurallado de la Verdad*, publicó este cuento en una forma correspondiente a las necesidades de su época. Su discípulo y compatriota Jalaludin Rumi inmortalizó su versión en el incomparable *Mathnavi*, a fines del siglo XIII. Esta adaptación fue filmada en 1965 por el famoso productor y director Richard Williams, basándose en una versión de Idries Shah para el siglo XX.

La película fue mencionada como *Film Destacado del Año*, siendo escogida para su exhibición en los Festivales de Cine de Londres y Nueva York.

LA EXPLORACIÓN DÉRMICA

*La película galardonada de
Richard Williams*

Guión de

Idries Shah

a partir de una historia de
J.D. Rumi de Konia,
original de H.M. Sanai de Ghazna

La exploración dérmica

Miembros de la Comisión Mundial de Científicos observan una imagen intrigante, traída hasta nosotros por televisión, usando cámaras equipadas con lentes de aumento de extraordinaria potencia.

La imagen se desplaza a través de una superficie grisácea y estriada; es la visión de un sólido en el espacio, roto aquí y allá por fisuras, a veces curvándose y en otras oscurecido por sombras planas. Nada se mueve, nada crece sobre el área desierta. La severa rugosidad de la imagen sugiere una masa silenciosa, vacía, con una capa exterior similar a la de una larva o un paquidermo, nudoso como si tuviese una edad inmemorial.

Mientras observamos, la voz del comentarista norteamericano establece la escena de este reportaje documental:

"Desde el comienzo de los tiempos, el hombre ha explorado su medio ambiente sin descanso, se ha esforzado para ampliar el umbral de su conocimiento, enviando incluso sondas a las profundidades del espacio exterior..."

Ahora se escucha la voz británica del director de la Comisión, mientras se alternan las imágenes del objeto, los ángulos varían, para dar una visión lo más completa posible de la masa imponente y silenciosa.

"Lo que aquí estamos considerando, es la, eh..., topografía de la corteza exterior, digamos, la piel del, eh..., conjunto de una masa cuyas características son..."

Ahora surge gradualmente el informe pragmático del laboratorio astrofísico, brindando un fragmento de sus resultados:

"... Secciones microscópicas de este material indudablemente orgánico revelan una estructura celular notablemente similar al tejido dérmico."

Los espectadores pueden escuchar sonidos que corresponden a las operaciones de laboratorio. El astrofísico prosigue:

"Tiñendo la sección con el fluido Von Glauben..."

Es interrumpido, pues esta es una discusión democrática.

Claramente se escucha la réplica del científico alemán:

"¿El fluido Von Glauben? Permítanme señalar que a principios de mil novecientos sesenta y tres se descubrió que este método era totalmente arbitrario, y fue sustituido por el Método Traumático de Kauffer y Blakmann. Es totalmente anacrónico."

El director, como todo buen director, cambia la discusión para presentar a otro científico constructivo:

"Eh, no, si, eh... bien; sin embargo, esperando posterior corroboración, eh... para resumir, es apropiado – y ciertamente pertinente – pedirle al Profesor Markarjee que nos dé algunos datos basándose en sus experiencias en la India con este material."

El Dr. Markarjee es rápido y conciso:

"Puedo afirmar categóricamente que este material no puede ser concluyentemente clasificado por medio de la categorización convencional. Todo el personal implicado en ambos proyectos (Calcuta y Benarés) fueron objetivos en su subjetividad porque habían sido expuestos a un intenso programa de Nirvana inducido. También me incumbe decir..."

Pero se está acabando el tiempo y gradualmente el director del programa le da paso a la voz impasible del experto espacial norteamericano para darnos otro punto de vista:

"Hemos descubierto recientemente que el fechado de este material por medio del radiocarbono/90 nos da uno-dos-tres años en la escala relativa del tiempo, con un error calculado de más-menos 6.0. La fuerza tensora es directamente proporcional a la masa y la temperatura destructora muestra poca resistencia. Ya que este material no puede ser molido o enrollado, la Administración Nacional Aeronáutica y del Espacio (NASA) lo considera inapropiado para la fabricación de ojivas de proyectiles. Por lo tanto, es desclasificado."

Ahora los resultados del radioastrónomo:

"Hemos establecido definitivamente que no es una fuente cuasiestelar de propagación de ondas, pero mediante el empleo de nuestro transmisor de doble parábola hemos sido capaces de registrar una notable dispersión que podría ser usado como un reflector selectivo si se llegase a necesitar una sustancia con estas características para un trabajo avanzado y extremadamente especializado."

El científico alemán, preguntado de nuevo por su opinión, exclama:

"Pero Kauffer y Blakmann han señalado sistemáticamente que la diferenciación celular puede demostrarse con mayor precisión mediante una iluminación diferencial altamente magnética y un microanálisis espectroscópico."

El director juzga que ha llegado el momento para conducir el programa a un final feliz:

"Ah, bien, ah... Pienso que, eh... todos podemos llegar con certeza a la conclusión de que aunque no sepamos nada de la situación en general, todas las evidencias *tienden a sugerir* que el material específico en cuestión, aunque no sea estático y – en apariencia – especialmente obstructivo y de un carácter más bien fibroso, revelará su naturaleza en el momento apropiado; e indudablemente ocupará su merecido lugar en el esquema de las cosas."

Las lentes de la cámara comienzan a retroceder mientras el comentarista norteamericano pronuncia su altisonante frase final:

"... Y finalmente se rendirá ante la búsqueda incansable del Hombre."

Mientras los créditos desfilan a través de la pantalla, es posible ver que las lentes han retrocedido hasta tal punto que, por primera vez, el objeto entero es visible y no solo su piel. Es un gran elefante africano.

Pero el lema del Instituto de Dermatografía Comparada ahora oscurece la imagen casi por completo, agrandándose mientras leemos:

LAS PARTES SON MAYORES QUE LA TOTALIDAD

Saludo al ladrón

Junaid de Bagdad pasaba por la escena de un ahorcamiento público, donde un ladrón se encontraba en el patíbulo.

Junaid hizo una reverencia hacia el criminal.

Alguien le preguntó:

"¿Por qué hiciste eso?"

Junaid dijo:

"Me incliné ante la firmeza de su determinación. Por su objetivo, ese hombre ha dado su vida."

*   *   *

Muéstrale a un hombre demasiados huesos de camello, o

muéstraselos demasiado a menudo, y no podrá reconocer a un camello cuando se tope con uno vivo.

(Mirza Ahsan de Tabriz)

SEDE: LA TIERRA

No cuentes tus secretos a todo el mundo en esta sede central, Tierra. La hemos examinado bien. No había nadie a quien confiar secretos.

(Anwar-i-Suhaili)

El crítico

Cierto número de discípulos alababan incesantemente a un maestro Sufi.

Un día rodearon la morada de un derviche que lo había criticado.

Dijeron:

"Has atacado y calumniado a nuestro maestro. Exigimos que te retractes de lo que has dicho."

El derviche respondió:

"¡Qué trivial y superficial es el razonamiento de los inmaduros! Vuelvan a su maestro y pídanle que les diga por qué Arif Yahya lo critica; pues es lo que deberían haber hecho antes de venir aquí, excitándose mutuamente como una manada de lobos, con la sola intención de destruir."

Los discípulos se retiraron. Cuando encontraron una oportunidad adecuada para hablar con Si Mandoub, su mentor, él dijo:

"Arif Yahya se me opone para alejar de mí a las personas de mentalidad superficial. De este modo él y yo trabajamos juntos, y así gozo de más tranquilidad para llevar a cabo mis tareas."

*　　*　　*

La mina es siempre mayor que la joya.

Proverbio

Los materiales de la localidad

IBN ASWAD VISITÓ la Tekkia del Sheikh Halim Unwani en Siria y quedó muy impresionado por el tamaño y la dignidad del lugar, el número de sirvientes y la abundancia de discípulos.

Sin embargo, el Sheikh Halim estaba ausente; y Aswad lo siguió hasta el norte de África, donde hace algunos años se había asentado para difundir allí la enseñanza.

En Marruecos encontró a Halim viviendo en una casa pequeña, con apenas una simple caseta para los ejercicios. Sus discípulos no pasaban de unos pocos y sus ropas eran de la clase más simple.

Aswad estaba perplejo y, llevándolo aparte a Mustafá Mahjub – compañero íntimo de Halim – le preguntó:

"¿Por qué no trae el Sheikh gente y riqueza de Aleppo y Damasco, y muestra a esta gente de África que él es una persona de sustancia? ¿Por qué no trae muchedumbres de discípulos del Oriente, y alfombras y operarios, y hace una sala de audiencias apropiada?"

Mahjub se rio y luego dijo:

"Nuestro oro no es el mismo que su oro, al igual que nuestra lengua suena diferente a su lengua. ¿No ves acaso cómo nuestro Sheikh habla y viste como un hombre de la localidad? Las cosechas de la localidad, las casas de la localidad provienen de los materiales de la localidad.

* * *

Mejor discutir con un amigo
que apoyar a enemigos.
               Proverbio

Lo extraño se convierte en cotidiano

Un erudito preguntó al gran sabio Afzal de Iskandariya:

"¿Qué puedes decirme de Alim Azimi, tu maestro, a quien atribuyes cualidades que te han moldeado?"

Afzal respondió:

"Su poesía me intoxicaba, su amor a la humanidad me inundaba, y su abnegación en el servicio me alborozaba."

El erudito dijo:

"¡Tal hombre ciertamente sería capaz de moldear ángeles!"

Afzal continuó:

"Esas son las cualidades que Alim te habría recomendado a *ti*. Por lo que respecta a las cualidades que lo capacitaron para ayudar a los hombres a trascender lo ordinario, Hazrat Alim Azimi me irritaba, lo cual hizo que examinase mi irritación para rastrear su origen. Alim Azimi me encolerizaba de modo que yo pudiese sentir y transformar mi cólera. Alim Azimi permitía que lo atacasen, de modo que la gente pudiese ver la bestialidad de sus atacantes y no unirse a ellos. Él nos mostraba lo extraño, para que lo extraño se convirtiese en cotidiano y nos pudiéramos dar cuenta de lo que ello realmente es."

*   *   *

No debería robar un minarete
quien primero no haya cavado
un pozo.

Proverbio

Servicio invisible

AJNABI SOLÍA REGALAR libros, diciendo:

"He terminado con este, quizá te guste."

También daba alimentos a la gente, diciendo:

"No tengo hambre, ¿te gustaría comer?"

Una vez su compañero Husseini le dijo:

"Nunca permites que la gente perciba lo que estás haciendo por ellos. Piensan que están obteniendo algo que no te sirve. Por lo tanto no lo valoran."

Ajnabi dijo:

"No espero que lo valoren. De hecho, no quiero que lo valoren. Quiero que se beneficien, no que me adulen."

Husseini relata:

"Ajnabi también impartía su enseñanza del mismo modo. Nadie sabía nunca qué era lo que estaba aprendiendo, pues los hacía poseedores de conocimiento de tal modo que evitaba que valoraran al conocimiento. Generalmente creían que estaban tomando parte en alguna actividad completamente irrelevante.

"Ajnabi solía decir: 'Esa porción de aprendizaje que la gente valora es precisamente la parte que no les está haciendo ningún bien: como un dulce que es admirado pero no comido.'"

*   *   *

Nadie que conozca su capacidad cae en la adversidad.
Proverbio

Despedido

Anwar de Badakhxán quedó perplejo cuando visitó Aleppo y encontró allí como representante de Maulana Bahaudin a un hombre a quien el Maulana había expulsado de su presencia varios años atrás.

Al retornar a Bujara, Anwar preguntó al Maulana cómo era posible que alguien que había sido objeto de la ira del maestro pudiese al final ser aceptado en tan alta posición.

El Maulana dijo:

"El viento acarrea semillas y las hace volar a dondequiera que puedan florecer, si existe tal posibilidad. Para el observador externo, el viento puede parecer hostil a las semillas. Pero ¿acaso no es la función del viento facilitar el ímpetu que necesitan las semillas?"

* * *

Si eres codicioso, eres un prisionero.
Si eres voraz, nunca serás llenado.

Proverbio

Cuatro comunidades

Durante un viaje un maestro Sufi observó a cierto número de gente esforzándose para sacar a un cocodrilo de un río. Viendo que el animal no estaba muerto y que podría matar a algunos de ellos si lo llevaban a la orilla, cortó la cuerda con la que lo tenían atado.

La gente lo apresó y golpeó, exclamando:

"Vestido como un Sufi, es un hipócrita y un malhechor, porque los Sufis solo hacen el bien."

Algún tiempo después se cruzó con un grupo de derviches que pensaban que mediante la acción alcanzarían el "ser". Él les dijo que su "ser" se manifestaría a través de la inacción.

Los derviches lo pusieron en fuga.

Posteriormente se asentó en una escuela de Buscadores que eran contemplativos; se dio cuenta de que necesitaban acción, de modo que les dijo:

"El 'ser' se manifiesta a través de la acción."

Los Buscadores siguieron sus instrucciones hasta que uno de los derviches fue a visitar a un amigo, después de lo cual regresó y les dijo:

"Este hombre es un fraude y un oportunista. Solía predicar que 'el ser procede de la inacción' y fue expulsado por ello. Así que ahora intenta el argumento opuesto."

De modo que los Buscadores expulsaron al maestro Sufi.

Encontró a otro grupo de gente y les dijo:

"El 'ser' algunas veces se obtiene mediante la acción y otras a través de la inacción."

Le respondieron:

"Si solamente nos hubieses dicho que actuásemos cuando era el momento para actuar, lo habríamos hecho. Y si nos hubieses dicho que no actuásemos cuando era el tiempo para la inacción, lo habríamos hecho. Pero así tal como es, nos estás confundiendo, dividiendo nuestra concentración. Danos los dogmas uno por uno."

El maestro tuvo que separarse de ellos.

Estas fueron las primeras cuatro comunidades con las cuales trabajó.

Se rumorea que ahora está viviendo con la quinta.

*   *   *

Ningún cirujano puede tratar las heridas provocadas por la lengua.

Proverbio

AMABILIDAD

Esta es una época en la cual, debido a las maldades excesivas, es imposible tener seguridad de vida y bienes. ¿De quién podemos pensar bien cuando se cree que si no se te hace mal alguno, esto ha sido una amabilidad?

(*Anwar-i-Suhaili*)

Súplicas acumuladas

En cierto lugar era costumbre que la gente visitase un santuario y rezasen allí pidiendo buena fortuna.

Hacían una pequeña ofrenda al derviche que cuidaba el lugar, para su mantenimiento y por caridad.

Tras muchos años de esta tradición, cuyos orígenes para entonces ya se habían olvidado, llegó un hombre realmente necesitado.

Pero él no pidió nada.

En el momento de su llegada, un individuo caritativo se le aproximó y dijo:

"He prometido dar todo mi dinero en este lugar a la primera persona que encontrase."

Donó hasta la última moneda de toda

su fortuna al hombre verdaderamente necesitado.

Uno de los discípulos del derviche preguntó por el significado interno de esta transacción.

El derviche, lleno de sabiduría, le dijo:

"Las súplicas acumuladas aguardaban a un hombre necesitado que no pidiese. Tan pronto como apareció, las aspiraciones correctas actuaron y las oraciones fueron capaces de surtir un efecto verdadero."

"Pero la gente cree que es el santuario mismo el que les trae buena fortuna", objetó un transeúnte.

"Trae buena fortuna a aquellos que la merecen. Los indignos atribuyen su suerte a haber estado en el santuario. Pero a menudo la atribución difiere del origen."

Opinión y hecho

UN GRAN MAESTRO que conocía el camino a la sabiduría fue visitado por un grupo de Buscadores.

Lo encontraron en su patio, rodeado de discípulos, en medio de una fiesta.

Algunos de los observadores dijeron:

"¡Qué repugnante! Este no es el modo de comportarse, cualquiera que sea el pretexto."

Otros dijeron:

"Esto nos parece excelente, nos gusta esta clase de enseñanza y queremos tomar parte en ella."

Sin embargo otros dijeron:

"Estamos parcialmente perplejos y deseamos conocer más acerca de este enigma."

El resto se dijeron unos a otros:

"Puede que haya alguna sabiduría en esto, pero lo que no sabemos es si deberíamos preguntar acerca de ello."

El maestro los despidió a todos.

Y todos ellos divulgaron, en conversación y por escrito, sus opiniones sobre lo sucedido. Incluso aquellos que no aludieron directamente a su experiencia fueron afectados por ella, y sus palabras e incluso sus acciones reflejaron sus sentimientos para con ella.

Algún tiempo más tarde ciertos miembros de este grupo pasaron nuevamente por aquel lugar; y visitaron al maestro.

Se detuvieron ante su puerta, observando que dentro del patio él y sus estudiantes ahora estaban sentados, decorosamente, sumidos en contemplación profunda.

"Esto está mejor", dijeron algunos de los visitantes, "pues ha aprendido de nuestras quejas."

"Esto es excelente", dijeron otros, "la última vez indudablemente sólo nos estaba probando."

"Esto es demasiado sombrío", dijeron otros, "podemos encontrar caras largas en cualquier otro lugar."

Y hubo otras opiniones expresadas mediante palabras y de otras maneras.

El gran sabio, cuando terminó el período de reflexión, despidió a todos estos visitantes.

Mucho tiempo después regresó un pequeño número y buscó su interpretación de lo que habían experimentado.

Se presentaron ante la puerta y miraron hacia el patio. El maestro estaba allí sentado, en soledad, ni divirtiéndose ni meditando. Sus antiguos discípulos no se veían por ningún lado.

"Ahora podrán escuchar la historia completa", dijo, "pues he podido despedir a mis discípulos: la tarea ha sido cumplida.

"Cuando vinieron aquí por primera vez, aquel grupo mío había estado demasiado serio: yo estaba en el proceso de aplicar el correctivo. La segunda vez que vinieron, ellos habían estado demasiado alegres: yo estaba aplicando el correctivo.

"Cuando un hombre está trabajando, no siempre justifica sus acciones ante visitantes circunstanciales, por muy interesados que estos crean estar. Cuando una acción se encuentra en proceso, lo que cuenta es la operación correcta de esa acción. Bajo estas circunstancias la evaluación externa se convierte en una cuestión secundaria. Lo que la gente imagina acerca de algo es más descriptivo de ellos mismos que de la situación."

*   *   *

HERRUMBRE

Jamás la herrumbre se volvió
blanca mediante el lavado.
(Anwar-i-Suhaili)

El círculo completo

¿Cómo llegó Odi Odam a sentarse a los pies del sabio derviche Rahim?

Odi se levantó un día y pensó mientras el sol brillaba en sus ojos: "Ya es hora de que logre algo."

Entonces miró alrededor buscando ideas, y sus ojos se posaron sobre un libro en la esquina de su habitación. Había estado tirado allí durante años, desde los tiempos de su padre, pero nunca antes le había prestado demasiada atención.

"Esto debería servir como un comienzo", pensó," ¿pues acaso los eruditos no han establecido que 'Hacer algo es mejor que no hacer nada en absoluto'?"

Recogió el libro y lo llevó al pueblo

vecino. En el mercado un hombre lo abordó y dijo: "¿Qué virtud especial tiene ese libro, y en qué precio lo tasas?"

"Pues pertenecía a mi padre", dijo Odi Odam, "y eso seguramente significa que es de gran valor. ¿No respetas el juicio de tu propio padre?"

"Por supuesto", dijo el otro hombre; y le dio a Odi todo lo que tenía por el libro.

A continuación Odi vio a un hombre sentado al lado de un montón de plumas en la calle. Acababa de desplumar y vender un pollo, y las plumas eran las sobras.

"¿Qué virtud especial tienen tus plumas y en qué precio las tasas?", preguntó Odi.

El hombre era más bien deshonesto y dijo:

"Puedes quedártelas por todo el

dinero que tienes. En cuanto a su virtud, no puedo decírtelo." Existía una ley local contra las falsas declaraciones con respecto a mercancías.

Odi le dio al hombre todo lo que tenía y tomó las plumas, pensando: "Si tienen un valor secreto, habrá un modo de descubrirlo. Lo más importante es la posesión, no la información."

Él estaba recordando el consejo de la tradición que dice: "Puede que la información no conduzca a la posesión, pero puede que la posesión conduzca a la información."

Pero entonces se topó con un tonto de aspecto simpático, quien le dijo:

"Ojalá tuviese plumas como esas, para así poder convertirme en pájaro. Pero soy pobre."

"¿Sabes acerca de la virtud secreta de las plumas?", preguntó Odi.

"No", dijo el tonto; y era cierto.

"En ese caso", dijo Odi, "no tendrás ventajas sobre mí si me separo de ellas. ¿Qué puedes intercambiar, amigo?"

"¿Qué te parece este libro, que un hombre me acaba de tirar porque lo estaba molestando?", dijo el tonto.

Odi vio que era el libro de su padre.

Lo tomó a cambio de las plumas; pero no podía leer, de modo que se lo llevó al derviche Rahim.

El derviche Rahim dijo:

"Este libro se llama: 'Nunca vayas por ahí intercambiando una cosa por otra. Si lo haces, tendrás poquísimas chances de obtener una segunda oportunidad para efectuar un verdadero comienzo."

*   *   *

El sabio se desprecia a sí mismo; solamente los ignorantes confían en su propio juicio.

Proverbio

Los locos

AJNABI DIJO:

"La gente de este mundo está loca."

Prometió a sus discípulos ofrecerles evidencia de esto.

Esa misma noche invitó a un hombre rico a romper el ayuno con él. El hombre vino y comieron pan seco y un dátil cada uno, que era todo lo que Ajnabi tenía en la casa.

Al regresar a su hogar, el hombre rico envió al Sufi un bolso que contenía diez mil dinares. Ajnabi lo envió de vuelta con una nota que decía: "El pan se puede comer, el oro no es útil para nada… la gente solo imagina que lo es."

Luego llamó a un hombre necesitado y lo envió a la casa del hombre rico a pedir diez mil dinares. A su regreso Ajnabi preguntó:

"¿Qué es lo que dijo?"

El hombre necesitado respondió:

"Me dijo que no me daría nada."

Entonces Ajnabi dijo a sus discípulos:

"La gente de este mundo está indudablemente loca. Creen que el oro es igual al pan, e incluso intercambian el uno por el otro. Luego, cuando ven a un hombre honesto y necesitado, imaginan que el no ayudarlo les resultará beneficioso. Si esta gente está cuerda, como creen estarlo, entonces vayamos rápido hacia lo que ellos llamarían locura..."

* * *

Quienquiera que me haya enseñado una letra me ha hecho su esclavo.

Proverbio

Un grupo de Sufis

Un grupo de Sufis, enviados por su preceptor a vivir y a trabajar en cierto distrito, se establecieron en una casa.

Para evitar atención indeseable, solo el hombre encargado – el Diputado Jefe – enseñaba en público. El resto de la comunidad asumió exteriormente las funciones de sirvientes de la casa.

Cuando el Diputado murió, los miembros de la comunidad reorganizaron sus funciones, revelándose como avanzados místicos, de acuerdo con las instrucciones de su preceptor original.

Pero los habitantes del país no solo los rechazaron por imitadores, sino que de hecho decían: "¡Qué vergüenza!

Miren cómo han usurpado y distribuido el patrimonio del Gran Maestro. ¡Y ahora estos miserables mercenarios se comportan como si ellos mismos fuesen Sufis!"

*   *   *

La lengua es el mejor masajista
de cejas fruncidas.
                (*Anwar-i-Suhaili*)

Salik en el camino a Qandahar

Salik encontró a un grupo de hombres en el camino a Qandahar. Salik iba vestido como un curtidor y uno del grupo, que era muy respetado por ellos, vestía el manto Sufi.

Salik le preguntó: "¿Qué eres?"

"Un Sufi", respondió el hombre.

Salik sacó inmediatamente un gran cuchillo y avanzó hacia el hombre, quien se mostró aterrado.

"¿Por qué estás temblando?", preguntó Salik.

"Temo que acaso me mates", dijo el otro hombre.

"¿Me darás tu dinero si te perdono la vida?", preguntó Salik.

"Sí, por supuesto", dijo el otro.

Ahora Salik se dirigió al resto del grupo:

"Este hombre no es Sufi. Teme a la muerte y daría dinero a cambio de la vida. Un Sufi es alguien que no puede ser manipulado por el miedo o el deseo."

* * *

Haz de la humanidad tu morada.

(*Hariri*)

Ausente

El Maestro Sufi Halqavi fue desafiado a presentarse ante cierto rey e inmediatamente decir algo negativo; una marca de irreverencia que probablemente habría de costarle su vida.

Él aceptó el desafío sin ningún titubeo.

Tan pronto como fue introducido en la sala del trono, el rey – un personaje caprichoso – dijo:

"Ya que tienes la reputación de ser tan listo, te ordeno, para mi diversión, que digas algo que ninguno de los presentes jamás podría decir."

Sin la menor pausa, el Sufi dijo:

"No estoy en tu presencia".

* * *

DESDE EL COMIENZO...

Desde el comienzo, desde la era de Adán hasta la época de las monarquías:
A los poderosos, perdón; de los pobres, pecados.

(Anwar-i-Suhaili)

Tres maestros Sufis

Un sabio Sufi estaba sentado entre sus seguidores cuando un recién llegado, acostumbrado a los modos de la corte, entró y comenzó a alabar al maestro. Los discípulos escucharon atentamente y el hombre continuó con sus cumplidos.

Mientras tanto entró un segundo sabio, escuchó por un momento y luego comenzó a vociferar insultos contra el primer maestro.

El visitante se retiró confundido, mientras el primer maestro continuaba sentado impasible hasta que el segundo sabio se hubo retirado.

Un tercer maestro Sufi se acopló a la reunión tras un rato, y uno de los discípulos hizo un signo indicando que deseaba hacer una pregunta.

"El tercer maestro la responderá", dijo el primer sabio.

"¿Por qué nuestro maestro fue injuriado por el segundo maestro, ya que ambos son de igual eminencia y nuestro maestro no merece semejante abuso?", preguntó el discípulo.

"Un visitante del mundo estaba aquí, llenando el aire con falsos cumplidos", dijo el tercer maestro, "y estos eran tan bestiales, en su efecto y en su apariencia, que necesitaban algo igualmente bestial para expulsarlos del aire."

*   *   *

MUERTE

Si es un buen humano, la muerte será una liberación.
Si es uno malo, liberará a otros de él.

(Anwar-i-Suhaili)

Conocimiento secreto

El *Khalifa* (diputado) de cierto maestro Sufi hacía participar en los ejercicios místicos a quienquiera que pudiese encontrar. Muchos de los que se enteraban de esto se oponían, diciendo:

"¿Acaso los Sufis no afirman constantemente que solo aquellos que puedan beneficiarse podrán realizar los ejercicios, ya que de otro modo esto no es Sufismo?"

El Diputado respondió:

"También se dice: 'La ganancia y la pérdida se estiman al final del día, no al comienzo'."

Y continuó reclutando a diestra y siniestra.

Cada día cuestionaba a sus seguidores, preguntándoles si eran serios y sinceros. Todos juraban que lo eran; pero encontró mucha disparidad entre sus palabras y acciones. Así que cesó de hablarles, diciendo:

"Los incito a pecar si les pido que declaren algo y ustedes mienten."

Muchos de ellos lo abandonaron indignados, diciendo:

"Nosotros no somos hipócritas", aunque lo eran.

Criticó a aquellos que se habían quedado, y muchos más comenzaron a alejarse.

Entonces fingió estar loco, y un gran número de los discípulos que quedaban – los más caritativos – lo abandonaron, diciendo:

"Pobre hombre, habría sido perfecto si no hubiese estado loco."

Entonces llegó el día en que solo quedaban seis estudiantes. Uno de ellos dijo:

"Supongo que estos son los que han pasado la prueba, y quienes ahora serán enseñados por el propio maestro."

"No", dijo el diputado, "desafortunadamente solo algunos de estos son discípulos verdaderos. Los otros son aquellos que están tan obsesionados con la búsqueda del conocimiento secreto – y de hecho son tan codiciosos – que harán y soportarán cualquier cosa. Antes de presentar la selección final a nuestro maestro tendré que expulsar a esos… o hacer que ellos mismos se autoexpulsen.

* * *

RAMAS

Acaso las ramas sin fruto parezcan poco elegantes; son, para el cocinero, el medio para hacer su fuego.

(Anwar-i-Suhaili)

PROVISIÓN Y VIDA

Han fijado nuestra nutrición y dispuesto la duración de nuestras vidas.
Más que esto, y más allá de esto, los esfuerzos no serán productivos.

(Anwar-i-Suhaili)

La horda

Cierto Sufi dijo una vez a sus seguidores:

"Ahora llevaremos a cabo la quema de los objetos conectados con nuestros estudios, denunciaremos los principios que todos consideran centrales a nuestras creencias y practicaremos la ciencia derviche en lugares distintos de los acostumbrados."

Tomando esto como una prueba de fe, muchos de sus seguidores obedecieron. Algunos incluso dijeron:

"Qué sublime que debamos aprender a abandonar lo externo, pues seguramente esto es un medio para concentrar nuestra atención en lo esencial."

Unos pocos años después de esto, hubo una gran conmoción en la ciudad en la cual estaba viviendo esta comunidad. Alguien se les acercó y dijo:

"Se ha promulgado un decreto que declara ilegales a nuestras actividades. Los derviches están siendo encarcelados, la horda y la policía están destruyendo nuestros centros. Somos incapaces de proteger nuestra propiedad."

"No teman", dijo el Sufi a sus discípulos, "porque ahora ha llegado nuestro momento."

Y cuando la horda instigada por el tirano del país llegó unos pocos minutos después, no se detuvieron sino que pasaron de largo buscando víctimas. No había nada que pudieran hacer en la sede de los Sufis, pues vieron que el maestro y su gente estaban muy atareados desmontándola y alimentando fogatas con sus posesiones. Al comportarse como la horda, la comunidad se mantuvo intacta y sus miembros salieron indemnes.

Ellos son los únicos estudiantes de Sufismo que sobrevivieron de todo el país.

Invisible

SE LE PREGUNTÓ a un conocido Sufi: "¿Qué es la invisibilidad?"

Él dijo:

"Responderé a eso cuando surja la oportunidad para demostrarlo."

Algún tiempo después ese hombre y el que le había hecho la pregunta fueron detenidos por una banda de soldados.

Los soldados dijeron:

"Tenemos orden de apresar a todos los derviches, pues el rey de este país sostiene que ellos no obedecen sus órdenes y dicen cosas que no son convenientes para la tranquilidad de pensamiento de la población."

El Sufi dijo:

"Y así deben hacerlo, pues tienen

que cumplir con su obligación."

"¿Pero, acaso ustedes no son Sufis?", preguntaron los soldados.

"Ponnos a prueba", dijo el Sufi.

El oficial sacó un libro Sufi. "¿Qué es esto?", preguntó.

El Sufi miró la portada.

"Algo que quemaré delante de ti, ya que aún no lo has hecho", dijo.

El Sufi prendió fuego al libro, y los soldados se alejaron satisfechos.

El compañero del Sufi preguntó:

"¿Cuál fue el propósito de esa acción?"

"Hacernos invisibles", dijo el Sufi, "ya que para la gente del mundo, la 'visibilidad' significa que tienes un aspecto similar a algo o a alguien a lo cual ellos esperan que te parezcas. Si te ves diferente, tu verdadera naturaleza se vuelve invisible para ellos."

Ahmed Yasavi

Cuando Yasavi comenzó a enseñar, muy pronto estuvo rodeado por potenciales discípulos y gente de toda clase. Todos escuchaban lo que tenía para decir, pero insistían cada vez más fuertemente en que los enrolase en un plan regular de enseñanza.

Yasavi les dijo que quería que construyesen una estructura especial – una Tekkia, en la cual la gente pudiese llevar a cabo ejercicios –, similar a las que se podían encontrar por todo el Turquestán.

Varios cientos de personas trabajaron bajo su dirección durante seis meses, haciendo este edificio.

Cuando estuvo finalizado, Yasavi dijo:

"Todos los que quieran entrar a este edificio para instrucción, por favor ubíquense ahí a la derecha; y aquellos que no lo quieran hacer pónganse allí a la izquierda."

Cuando estuvieron ordenados en dos grupos, Yasavi dijo:

"Despido a todos aquellos que están a la derecha: no hay nada que pueda hacer por ustedes; por lo tanto, regresen al lugar del cual vinieron. El resto, pueden convertirse en mis estudiantes. La primera tarea es demoler la Tekkia."

Los estudiantes despedidos se volvieron insatisfechos y esparcieron historias que daban a entender que Yasavi estaba loco. Pero es de la selectividad de este loco de Dios de donde se deriva la Enseñanza de los Maestros.

* * *

La piedra de toque conoce el oro.

(Gulistán)

El vapor de la olla de Ikhtiari

Poco antes de partir rumbo a la India, el Sheikh Abu-Ali el-Ikhtiari visitó a todos los Sheikhs Sufis de Bagdad y les dijo:

"Si la gente viene de lejos buscando el Camino, díganle que no me conocen y acójanlos como viajeros o despídanlos, pues los habré alentado debido a un solo propósito."

El Sheikh fue a la India y dio conferencias acerca del Camino al Conocimiento.

La gente le preguntaba de dónde venía, y él siempre respondía:

"De Bagdad, el Centro de la Santidad."

Enseguida comenzaron a llegar indios – en pequeños grupos, en caravanas y de todas las formas posibles – a la ciudad de Bagdad.

Todos los Sufis respondían a sus preguntas diciendo:

"No conocemos al Sheikh Ikhtiari", o "ciertamente hemos escuchado algo acerca de él."

Jafar Zikariah se encontraba presente cuando Abdulqadir Mustafa comentó, tras la visita de una delegación india:

"¡Qué maravilloso es ayudar al Sheikh Ikhtiari al 'ignorarlo'!"

Un visitante preguntó:

"Todos conocemos a la Presencia Ikhtiari; ¿cómo ayudamos a su trabajo al 'ignorarlo'?"

El Sheikh Mustafá contestó:

"Estas personas son meramente el 'vapor de la olla del Sheikh Ikhtiari'.

Han abandonado el guiso e imaginan que están mejorando al ir a otro lugar.

"Si decimos que conocemos a Ikhtiari, volverán y lo atormentarán, habiendo verificado que en su ciudad natal tiene una buena reputación. Si 'no lo conocemos', o bien lo dejarán en paz al considerarlo despreciable o se apegarán a algún otro y lo atormentarán. En cualquier caso, Ikhtiari permanece libre."

El viaje

Cuenta Ikhtiari:

Estaba sentado un día en el círculo del Sheikh Abbas Ansari cuando vino un joven y pidió ayuda. "Estoy por partir de viaje", dijo, "y te agradecería si me pudieses escribir una carta de recomendación para darles a los Sufis de Persia."

El Sheikh preguntó acerca de la ruta del joven. Luego dijo:

"Lo siento, no puedo darte ninguna carta de recomendación."

El visitante se alejó tristemente.

Tan pronto como se hubo ido, el Sheikh comenzó a dictar cartas a sus representantes en Persia que estaban en la ruta mencionada por el joven.

Yo quería preguntarle la razón de este comportamiento extraordinario, pero la etiqueta de las sesiones lo impedía.

Varias noches más tarde, cuando estábamos reunidos tras una sesión de contemplación, el Sheikh Abbas nos dijo:

"Si le hubiese dicho a ese joven que visitase a ciertos amigos nuestros, y que sería bien acogido, habría sido incapaz de aprender pues yo habría quitado de su mente la determinación para esforzarse, sin la cual no podría haberse beneficiado de los encuentros. También habría ocasionado que su expectativa creciese... lo cual habría sido una barrera para su comprensión."

Yo dije:

"Pero, ¿no pensará que es indigno y quizá desista de hacer el viaje?"

"Si así lo hiciere, sería un signo de que en cualquier caso carece de la determinación necesaria y no tendría éxito en nada."

Pregunté:

"Pero, ¿acaso no pensará que tú no estás interesado en su bienestar, ya que te has negado a ayudarlo?"

El Sheikh respondió:

"Si puede volverse contra mí tan fácilmente, entonces no puede aprender en modo alguno. Sería como un perro a quien se le niega un hueso y que le ladra a aquel que se lo ha negado, sin pensar sobre el porqué."

Pregunté:

"¿Es acaso indeseable que alguien sienta gratitud hacia otra persona por su ayuda?"

"La gratitud hacia otro tiene un límite. Depender mucho de la ayuda de otro conduce al autodesprecio y uno termina oponiéndose a la otra persona. Esta es una de las razones por las que ciertas personas se oponen a aquellos a quienes alguna vez habían admirado: les deben demasiado."

* * *

SEPARACIONES Y ENCUENTROS

Las separaciones son mejores que los encuentros infelices.
(Anwar-i-Suhaili)

No lleves en un día tu carga de un año.

Proverbio

La paciencia es una prenda
que jamás se ha desgastado.
          (*Akhlaq-i-Mohsini*)

No lo sé

Nazinda, un derviche errante de Bujara, a menudo solía decir "no lo sé" cuando la gente le hacía preguntas.

En Allahabad surgió una discusión entre quienes decían que un maestro no debería admitir ignorancia alguna y quienes decían que eso era abiertamente ignorante y no valía la pena discutirlo, y otros que mantenían diferentes puntos de vista acerca del asunto.

Los argumentos fueron presentados al Pandit hindú Ram Lai, quien dijo:

"Cuando él dice 'no lo sé', acaso quiera decir que nadie sabe. Puede querer decir, también, que *ustedes* no saben: en ese momento les está mostrando su propio ser. Acaso quiera decir que él no *necesita* saber, porque la pregunta o la respuesta es engañosa."

Alguien preguntó:

"¿Por qué no lo dice de forma más concisa?"

El Pandit respondió:

"Si hiciese eso dejaría de provocar pensamiento y discusión."

* * *

Hay un tuétano en cada hueso, hay un hombre en cada camisa.

Saadi

Cómo obtuvo Cachemira (Kashmir) su nombre

La leyenda cuenta que el lugar ahora llamado Cachemira era conocido antes como Beluristán, el País de Cristal. Cierto Pandit, cuyo nombre se ha olvidado, era el maestro espiritual de este país y gente de todas partes solía acudir para seguir sus ejercicios y aprender su sabiduría.

Entonces, un día, un descendiente del Profeta – un hombre de gran sabiduría llamado un Mir en aquellos lares – llegó para ver al Pandit. Tuvo una o dos conversaciones con él y luego se retiró a cierto valle no muy lejano. El Pandit dijo:

"Él tratará de desplazarme pero hay pocas posibilidades de que esto ocurra, pues nuestro santuario es conocido en Oriente y Occidente desde hace muchos siglos." Y esperó a ver qué es lo que el Mir haría.

El Mir, en vez de establecer un santuario, inauguró una feria con columpios y un mercado matrimonial, con adivinadores de la fortuna y artistas de todo tipo. Atraídos por semejante entretenimiento, los seguidores del Pandit convirtieron las fiestas del Mir en el lugar de sus encuentros nocturnos; y el *darshan* (asamblea) del Pandit comenzó a estar cada vez más desatendido y las flores delante de su altar se marchitaron y no fueron reemplazadas.

Finalmente el Pandit, acompañado por los pocos seguidores que le quedaban, subió la colina hasta llegar a la morada del Mir y lo desafió diciendo:

"Me has arrebatado a mi gente mediante engaño y, lejos de inculcar en ellos buena conducta y pensamiento correcto de cualquier tipo, has importado a nuestro país una forma de libertinaje y de imprudente abandono de los valores espirituales que nos deja atónitos."

El Mir respondió:

"Ni pudiste proveer entretenimiento para tu gente, ni pudiste atarlos a tu persona. El solo hecho de llamarlos 'mi gente' no habla muy bien de ti.

"Si hubieses aprisionado sus mentes me habrían considerado a mí y a mis actividades como maléficos, pero no lo has hecho: por lo menos lograste eso. Sin embargo, si hubieses suministrado a 'tu gente' algo más aparte de las diversiones que llamas ejercicios, no habrían aceptado tan fácilmente mi entretenimiento. Después de todo, el tuyo es gratuito y pagan por el mío."

"No", dijo el Pandit, "lo que ocurre es que ellos son débiles y tus actividades se han aprovechado de sus debilidades."

"Si ellos son débiles", respondió el Mir, "y no puedes fortalecerlos, cualquier persona o cosa 'se aprovechará de esta debilidad'. ¿Por qué no eres fortaleza para el débil, en vez de un juguete para el crédulo?"

Fue en ese momento que el Pandit, cuya calma se había hecho añicos debido a esta insólita experiencia, gritó la maldición: "*¡Kash-Mir!*", la pronunciación local de las palabras Kaj-Mir, Mir Estafador o Líder tramposo.

"Si esto es tortuoso", dijo el Mir, "entonces me gustaría que esta tierra fuese conocida de aquí en adelante, como una cuestión de honor, no como Beluristán sino como Kashmir, el País de los Indirectos."

  * * *

Aprende acerca de las avispas de aquellos que han sido picados por ellas.

Proverbio

El camino que parece conducir a la inutilidad...

Se cuenta de Hazrat (Bahaudin Naqshband):

Que aunque durante muchos años fue considerado como la encarnación misma de la solemnidad y cordialidad en público, y el restaurador de la escuela original del Sufismo, a menudo se comportaba como un payaso en compañía de asociados íntimos e influyentes.

Durante décadas les hizo jurar que mantendrían esto en secreto; y obtuvo de cada uno de ellos una declaración firmada, confirmando que era dado al comportamiento excéntrico.

Una y otra vez le dijeron:

"Hazrat, no comprendemos tu peculiaridad. Pero no se la mencionaremos a nadie. Entonces, ¿por qué acumulas evidencia de ella, documentos firmados que en algún momento podrían ser mostrados públicamente en tu detrimento?"

Él nunca respondió a estas preguntas; hasta que, hacia el final de su vida, abrumado por el peso de seguidores serios y señoriales que insistían en su propia versión acerca de la importancia de Hazrat, comenzó a actuar de modo no convencional.

A algunos de sus seguidores más decididos y superficiales se les dijo que lo dejaran. Ellos contestaron:

"¡Ay, está perdiendo el juicio! Pensar que durante tanto tiempo fue tal parangón de conducta y un ejemplo para el mundo entero..."

Entonces Bahaudin sacó los documentos que mostraban que él siempre había tenido dicha naturaleza, y que eran los seguidores quienes habían intentado convertirlo en su propia imagen de un hombre de enseñanza.

Él dice en su *Risalat* (Cartas): "Es de vital importancia que el Sufi sea capaz de ser un tonto y también un Sufi. Debe ser capaz de parecer un idiota, porque cuando los pedantes monopolizan el papel del hombre de conocimiento tiene que haber gente entre quienes subsista el *verdadero* conocimiento. Ojo con este peligro: la oposición a los Sufis no es peligrosa para ellos, pues siempre habrá algunas personas que pensarán que la oposición se debe a la envidia y por lo tanto continuarán intentando seguir el Camino. Pero tan pronto como los eruditos logren hacer creer a la gente que los Sufis están desprovistos de mérito, que no valen nada, la gente no escuchará a los Sufis; porque si el humano tiene una debilidad es la de no querer dar la impresión de que está interesado en algo inútil. Mantén abierto el camino que parece conducir a cosas que no sirven para nada... vistas a través de los ojos del pedante y del fanático."

* * *

LOS CIELOS

Para el mazo de la Mente Superior, los cielos son la bola más pequeña posible.
    (*Ahklaq-i-Mohsini*)

EL PÁJARO Y EL AGUA

Un pájaro que no ha oído
hablar del agua fresca
hunde su pico en agua salada
año tras año.

(*Anwar-i-Suhaili*)

Anwar

Estaba acompañado de Anwar Afifi, escribe Iftikhari, cuando fue anunciado un visitante.

Este hombre preguntó si se le podría otorgar éxito en una empresa comercial.

Afifi me dijo:

"Cuéntale tu experiencia."

Dije:

"Cuando entré por primera vez a este lugar, le pedí a Hazrat Anwar Afifi que mis hijos fuesen obedientes y que cumpliesen mis deseos. Cuando llegué a casa, todos mis hijos se estaban comportando de manera ejemplar. Logré que fuesen educados en las profesiones que yo había elegido para ellos e invariablemente aceptaron.

"Pero en menos de seis años de haber asumido esas vocaciones, cada uno de ellos se había vuelto pobre o desdichado o estaba muerto.

"Después de intentar resolver mis propios asuntos durante algunos años, regresé aquí. Ahora soy parte de la caravana de Anwar Afifi. La petición que le hago es siempre la misma: 'Dame lo que necesito y permíteme hacer lo que puedo hacer.'"

El visitante dijo:

"¿Qué charla ridícula es esta? Vine en busca de ayuda y recibo una invitación para unirme a los mendigos."

Anwar dijo:

"Lamentablemente no podemos darte esa invitación, por más hospitalarios que deseemos ser. Viniste en busca de ayuda, pero todo lo que podemos darte es información. El tipo de ayuda que quieres está más allá de nuestras escasas provisiones. El mendigo solamente puede dar aquello que los otros le permiten."

Cualidades

UNA VEZ KHIDR conoció a un hombre piadoso y le dijo:

"¿Qué puedo hacer por ti?"

El hombre dijo:

"No hagas nada por mí; pero ayuda a mis discípulos durante tus viajes."

Khidr le preguntó:

"¿Cómo los reconoceré?"

"Por sus nombres", dijo el hombre piadoso, "los cuales te daré".

"Nosotros los del mundo invisible", dijo Khidr, "no reconocemos a las personas por sus nombres sino por sus cualidades."

"No hay ninguna dificultad al respecto", dijo el hombre piadoso, "ya que puedo enumerar las cualidades de mis tres discípulos. El primero es caritativo, el segundo es abstemio y el tercero es dueño de sí mismo."

Khidr prometió, diciendo: "En cualquier caso, es mi deber como miembro del gobierno invisible ayudar a personas como esas."

Poco después, Khidr se encontró con un hombre que casi no tenía ni un centavo y lo vio dar su última moneda a una mujer digna. Pero Khidr pasó de largo sin ayudarlo. Luego hizo una pausa para observar a un hombre que estaba sermoneando a la gente sobre la abstinencia y suplicando ayuda divina para su trabajo. Khidr no hizo nada por él. Por último, Khidr vio a un hombre saltando de alegría por estar vivo a pesar de que tenía una discapacidad terrible. Khidr no se le acercó.

Cuando Khidr regresó de su viaje

alrededor de la tierra se encontró nuevamente con el primer hombre piadoso, quien dijo:

"¿Encontraste a mis discípulos y los ayudaste?"

Khidr respondió:

"Tuve que ayudar a todas las personas merecedoras que conocí. Pero no vi a tres dignos como los que me mencionaste."

"¿Describirías a alguien a quien no pudiste ayudar?", preguntó el hombre piadoso.

Khidr le contó acerca de los tres.

"¡Pero esos son los hombres de quienes hablé!", dijo el hombre piadoso.

"Si esto es lo que les has enseñado a hacer", dijo Khidr, "puede que seas piadoso, pero lamentablemente estás extraviado.

"El primer hombre estaba regalando dinero y disfrutando del acto, lo que sirvió como pago de su acción: él no es caritativo. El segundo hombre solo era abstemio en algunas cosas: codiciaba la conversión y el favor divino, y no se abstenía de esa codicia. El tercer hombre es dueño de ciertas cosas, pero ciertamente no de sí mismo."

*   *   *

LA GENTE

La familia de Dios es la gente.
(*El Profeta Muhammad*)

Anwar Abbasi

Anwar Abbasi era famoso por su poesía y por cómo tocaba el sitar. La gente iba casi todas las noches a su casa para escucharlo. Después de los recitales, algunos se quedaban para oírlo hablar acerca de la filosofía oriental (*hikmat i mashriqiyya*).

Aquellos que iban a visitarlo consideraban a Abbasi como paradigma del refinamiento y cuya cortesía inquebrantable era un modelo a estudiar.

Sin embargo, cuando era invitado a las casas de otras personas empleaba un tipo de comportamiento muy diferente: en una tras otra molestaba a los distinguidos huéspedes. Llegaba tarde, interrumpía eruditos discursos y cuestionaba las opiniones de al menos una persona en cada reunión.

Un día anunció que su misión de enseñanza había sido completada, y que a partir de ese momento no tendría contacto con las personas que querían aprender. Abandonó el país y nunca se lo volvió a ver por allí.

Aquellos que estaban perplejos ante su comportamiento fueron a Firoz Andaki, conocido durante mucho tiempo como su principal oponente, y pidieron que les explicase la situación.

Firoz dijo: "Quieren que critique a Abbasi; pero debo decirles que apenas recientemente me he enterado del gran hombre que fue. Lo considero mi maestro, y les contaré algo de la grandeza de su enseñanza que impartía mediante el ejemplo y la demostración, y que va mucho más allá de nuestro nivel general de comprensión.

"A Abbasi le importaba tan poco su reputación, que la arrojó como combustible para la llama de su enseñanza. Cuando iniciaba discusiones, nueve de cada diez personas decían: '¡Qué grosero!' Pero el décimo dijo: 'Nos está mostrando la absurdidad de la discusión.'

"En lugar de establecer fama y respeto entre los humanos, estableció una enseñanza verdadera para aquellos que pudieron aceptarla."

*   *   *

Pobre codicioso, donde quiera que corra.
Él persigue comida y la muerte lo persigue a él.

(*Saadi*)

Acaso seas capaz de bajar el hueso por la garganta.
Pero si llega a tu estómago, te desgarrará el ombligo.
(Gulistan)

El conocimiento sin acción es como la cera sin miel.
(Anwar-i-Suhaili)

Protección

SE CUENTA QUE alguien le dijo a Sahl:

"Muchas personas valiosas se oponen a lo que dices y haces. Se ha dicho que esto es así debido a que no transiges con ellos, y por consiguiente el progreso de la comprensión del Sendero Sufi se ve obstaculizado. ¿Sería apropiado pedir una aclaración de esto?"

Sahl dijo:

"La única forma en que la Gente del Sendero puede proteger al Camino – y a los discípulos – de pensadores estrechos y elementos destructivos es volviéndose inaceptable para tales personas. Un animal salvaje te dejará en paz si no le gustas, por lo que debes causar aversión si es que no puedes protegerte de él de alguna otra manera. Entonces, cuando la gente dice: 'Has intentado explicarte ante mí y has fallado', esto acaso signifique: 'Sin yo saberlo me has hecho evitarte, con el fin de mantener tu propia tranquilidad.'"

*   *   *

Incluso aunque el oro falso
haga feliz a un hombre...
será identificado en la casa de
la moneda.
(*Rumi*)

El aristócrata

Imán Yusuf de Samarcanda relata:

Estudié los testimonios de los milagros y la reputación del clan Hachemita, y concluí que no podía ser accidental o enteramente imaginado que contuviese tal número de hombres espiritualmente elevados.

Finalmente decidí acudir a Sayed Nuri Shah-i-Husseini, quien vivía rodeado de todos los lujos en un palacio glorioso, y me dirigí a él.

Me admitió en su compañía; pero cada vez que yo llevaba la conversación hacia su herencia como guardián del conocimiento del gobierno interno, él cambiaba de tema.

Por fin le dije:

"¡Señor de los príncipes! Tu reputación y atracción están basadas en el hecho bien conocido de tu descendencia de la Familia Electa. ¿Por qué, entonces, nunca hablas de este tema?"

Él dijo:

"Me has rastreado por mis huellas. ¿Vamos a discutir estas 'marcas en la nieve o en la arena', o estás aquí para aprender?"

Quedé sorprendido por este pensamiento e inmediatamente me di cuenta de que tenía razón, y que lo que otros pensaban sobre esta ciencia era superficial. Así fue que me volví lo suficientemente audaz como para hacer la otra pregunta que me desconcertaba:

"¿Cómo puede un maestro espiritual vivir en medio de semejante lujo, dado que no es tradicional?"

Él dijo:

"¿Me has visto alguna vez aprovecharme de lo que me rodea?"
Yo dije:
"No."
Dijo:
"En ese caso puedo revelarte, aunque debes mantenerlo oculto hasta mi muerte, que hay dos formas de ocultación: esconderse, y vivir en una atmósfera que te protege mediante la incongruencia."

*   *   *

Un préstamo es la tijera de la amistad
La lengua de un hombre puede cortar su garganta
La jaula no tiene valor sin el pájaro.

(Saadi)

DESAFORTUNADO

Considérate desafortunado únicamente si comienzas a fabricar ataúdes y la gente deja de morir.

Proverbio

Pena y alegría

A un maestro de derviches le dijeron:

"Te muestras ridículo ante los observadores externos. Esto causa dolor a tus amigos y alegría a tus oponentes, quienes fácilmente pueden describirte como alguien insignificante."

Él respondió:

"¡Oh amigos nacidos para alcanzar la felicidad! Han visto la mitad y creen que lo han visto todo; y esta es la última vez que lo explicaré. Ante la gente que deseo desalentar me presento como un tonto. Si mis amigos fueran amigos de verdad, aceptarían esta explicación y no sentirían pena. Al causar alegría a mis oponentes, les estoy dando la oportunidad para darse cuenta de que su alegría está fuera de lugar y basada en una evaluación superficial."

*   *   *

El espíritu es el espejo, el cuerpo es la herrumbre.
  (*Divan-i-Shamsi Tabriz*)

No hay esfuerzo que convierta a un cuervo en un halcón blanco.
  (*Anwar-i-Suhaili*)

El mago

Érase una vez un hombre que había viajado por todo el mundo y estudiado en cada uno de los lugares de conocimiento verdadero.

Debido a su carácter retraído, hacía tiempo que las opiniones estaban divididas en cuanto a si era un hombre devoto y digno o si quizás era algún tipo de mago, alquimista o incluso astrólogo: un seguidor de las artes reprochables.

Por consiguiente, su casa era asediada por dos clases de personas: aquellos que buscaban su bendición en caso de que resultase ser un hombre de conocimiento; y los que querían contar con su ayuda en alguna empresa mundana, en caso de que se descubriese que era poseedor de artes secretas.

Este hombre, conocido por el nombre de Abdulwahid, hijo de Aswad, finalmente adquirió la reputación de hechicero y nigromante. La consecuencia fue que las personas que imaginaban ser sinceras y loables lo rechazaron; aquellos que buscaban la ayuda de un hechicero siguieron frecuentándolo.

Sin embargo, cuando los magos potenciales y los compradores de talismanes y amuletos se presentaban ante él, los echaba prontamente; lo hacía convenciéndolos de que solo estaba fingiendo ser un mago. De esta manera era capaz de deshacerse de ellos más rápida y completamente de lo que hubiera sido posible de otro modo.

Es por ello que a su reputación de

mago se añadió el cargo – difundido por los desencantados – de charlatanería, incluso en esa dudosa vocación.

Este hombre era, de hecho, un Sufi. Desalentaba a los apasionados creyentes en su propia sinceridad, porque tales personas son casi siempre solo superficialmente sinceras. Su realidad es el autoengaño, y son más difíciles de ayudar que aquellos que no tienen tales prejuicios en su contra. Su creencia es más fuerte que su sinceridad.

La influencia benéfica de Ibn Aswad y los resultados de su trabajo continúan. Pero, debido a sus métodos de ocultamiento y defensa propia, son pocos los Sufis que ahora pueden mencionar la deuda que todo el mundo ha contraído con Abdulwahid, hijo de Aswad.

* * *

Se ha visto mucho humo y causó un gran temor al fuego... incluso cuando no se produjo ningún incendio.

Proverbio

La oportunidad es preciosa y el tiempo es una espada.
(*Saadi*)

Cautivar a un hombre libre con amor es mejor que liberar a mil esclavos.
(*Omar Khayyam*)

Gramática

Un erudito, que también era un destacado gramático, fue a ver a un maestro Sufi.

Se sorprendió al descubrir que el Sufi no aleccionaba ni engatusaba ni presentaba pruebas cuidadosamente construidas de lo que estaba haciendo.

Cuando tuvo la oportunidad, le preguntó al Sufi:

"¿Por qué no enseñas de una manera coherente? Seguramente has de conocer los comienzos simples de tu tradición, así como los aspectos más abstrusos. Nosotros, los eruditos, al menos tomamos nota de la ignorancia de los principiantes y los conducimos gradualmente desde las cosas simples hacia el conocimiento avanzado."

El Sufi dijo:

"Solamente puedo ilustrarte esto si realizas un breve curso de instrucción y no haces preguntas."

El Sufi era un hombre de tal reputación que se creía que podía hacer milagros. Dado que el erudito estaba hambriento de conocimiento, aceptó.

El Sufi dijo:

"Eres un gramático. Muy bien: cada día reunirás a los perros y gatos locales y les enseñarás los aspectos más fundamentales y simples de la gramática."

Pensando que esto era una prueba, o que conduciría a un milagro, el erudito obedeció.

Después de varios meses, el Sufi llamó al erudito y le dijo:

"¿Han aprendido algo de gramática los gatos y los perros?"

"No", dijo el gramático, "en

absoluto."

"¿Por qué supones que esto es así?"

"Porque no pueden hablar ni comprender el lenguaje. Primero tienen que aprender eso, si es posible."

"Esa es la respuesta a tu pregunta original", dijo el maestro Sufi.

*   *   *

> Un tonto viejo es peor que uno joven:
> Pues acaso el joven siempre podrá volverse sabio.
>
> (*Zohair*)

COINCIDENCIA

El sabio dijo:
"El destino continúa. Pero de ninguna manera abandones

tus propias intenciones.
"Porque si tus planes están de acuerdo con la Suprema Voluntad, alcanzarás una plenitud del cumplimiento para tu corazón".

Anwar-i-Suhaili

Insatisfecho

Una vez, un Sufi se encontró con un monje insatisfecho que justo salía de la sala de audiencia de Maulana Bahaudin Naqshband.

El monje dijo:

"Evita a ese hombre, pues solamente se ocupa de trivialidades. He viajado desde China para beber de su sabiduría, ¡y él me ofrece un cuento para niños!"

Cuando el Sufi se presentó ante el maestro, Maulana dijo como si estuviese leyendo su mente:

"Hay mil libros clásicos, todos escritos para ilustrar una docena de verdades. Hay una docena de cuentos que dentro de sí contienen todas esas verdades. Si no fuese por la demanda que muchos hacen al exigir la apariencia de cantidad en vez de la relevancia, la primera letra de la primera palabra de un solo cuento para niños sería suficiente para instruir al hombre.

"Es debido a que el estudiante es de tan pobre calidad que el maestro tiene que repetir, agrandar y abultar cosas que de otro modo el estudiante no sería capaz de ver en absoluto."

*   *   *

Cuando el juicio ha abandonado a la cabeza, debería llamarse cola.

(Rumi)

Convicción

TALAL NAZAF FUE recibido con grandes honores en la corte de Córdoba. Su reputación era conocida allí desde hacía muchos años: los cortesanos y los emires competían entre sí para hablar bien de él.

Sin embargo, cierto erudito le hizo esta pregunta:

"He leído tus libros, y me pregunto por qué tanto de su contenido está dirigido a los estúpidos y tan poco a los sabios."

Talal dijo:

"La mayor parte está dirigida a personas como tú."

Esa noche él estaba cenando en la casa del Gran Qadi (juez), quien comentó con delicadeza:

"Aquí en Córdoba, cierta robustez

en el discurso podría hacer que aquellos que están bien predispuestos – pero que son sensibles – cambien su actitud para con un recién llegado."

El Sufí dijo:

"Aquellos que han observado que tal sensibilidad – afectada por la franqueza – produce hostilidad, han aprendido que tal cambio es simplemente un cambio de opinión.

"Estoy aquí para demostrar que un cambio de opinión no es en sí mismo un cambio de comprensión. La opinión está construida sobre la arena; el conocimiento lo está sobre roca. Si un hombre solamente está convencido de que soy bueno, puede ser tan estúpido como alguien que apenas está convencido de que soy malo.

"La convicción, lejos de estar basada en la razón, es el enemigo de la razón: porque la racionalidad no cambia, mientras que las convicciones sí lo hacen… todo el tiempo."

El tomador de luz

Cierto derviche era llamado Nourgir – "tomador de luz" – porque tenía una vasija de barro que tomaba la luz del día, incluso de una vela, y la entregaba cuando él quería.

Un erudito le preguntó:

"No negamos las características notables de tu vasija atrapadora de luz. Pero sí cuestionamos tu rumoreada capacidad para ver dentro del corazón de los humanos.

"Si realmente puedes percibir las características y las potencialidades de las personas, ¿cómo es que alguien te acaba de vender un melón que resultó ser insípido?"

Nourgir dijo:

"¿Te gustaría venir conmigo y llevar a cabo un experimento?"

Este erudito se negó e hizo correr la voz de que Nourgir era un charlatán. Pero después de muchos meses de esta difamación ambos se encontraron en la corte del rey de la época, y este mostró interés en la disputa.

El rey dijo:

"Ha llegado a mis oídos que este erudito ha desafiado a este derviche, pero que no permitirá que el derviche demuestre sus capacidades. Semejante actitud es un peligro para el buen orden y una amenaza para la tranquilidad general de los hombres. El erudito será condenado como un chacal, así lo declaro, a menos que acepte dejar de hablar de hechos y permita que se lo exponga a realidades. Si fuese a basarse en opiniones ignorantes para apuntalar sus pruebas, a recurrir al rencor y la calumnia personal, o hiciese cualquiera de las otras cosas que distinguen al erudito falso del verdadero, la gente inferiría que es un esclavo de las palabras... y no puedo imaginarme que él se muestre como alguien así.

El derviche y el erudito dijeron: "Oímos y obedecemos".

El derviche llevó al erudito a la cima de una montaña y lo obligó a quedarse con él durante tres días, escuchando tradiciones derviches. Luego lo llevó a un desfiladero en las montañas donde una multitud, encabezada por el rey, los esperaba.

La gente avanzaba por el camino a duras penas, a caballo y sobre mulas, con burros y a pie; y mientras se aproximaban el derviche dijo:

"Observa, rey y sabio. Pondré mi

mano sobre el hombro de este erudito, prestándole algo de mi percepción. A medida que cada persona se acerque a aquella lejana curva, se volverá consciente de sus pensamientos internos. Su conciencia responderá a su pregunta de por qué un derviche no usa sus poderes todo el tiempo."

Y así fue: cuando persona tras persona pasaba por el lugar designado, el rostro del erudito se volvía cada vez más demacrado mientras exclamaba: "¡Uf, Ese hombre es detestable!" O: ¡No hagas lo que intentas hacer, oh hombre, pues te llevará a tu destrucción!" Y cosas tales como: "¡Ese hombre que parece malvado habrá de ser el medio para rescatar a gran parte de la humanidad!"

Sus palabras eran tan confusas que la gente pensó que había enloquecido.

Su rostro se arrugó como si tuviera una edad muy avanzada y su barba emblanqueció, cuando antes había sido negra.

Después de aproximadamente una hora, el erudito se liberó de la mano del derviche y se arrojó a los pies del rey. Dijo:

"Su Majestad, no puedo soportar este conocimiento ni un segundo más. He visto personas que parecían santos y percibí que eran farsantes. Peor aún, he visto a personas que pensaban que eran buenas y su maldad consistía en pensar que estaban sobre algún buen sendero. He visto y sentido cosas que ningún humano debería experimentar."

El rey dijo: "¿Qué sabiduría has ganado a partir de este evento?"

El erudito respondió:

"Ahora entiendo que si alguien

tuviera que permanecer atento a la condición real de los humanos todo el tiempo, enloquecería."

El derviche le dijo:

"Ahora sabes que la tradición derviche incluye el conocimiento de cuándo estar despierto y cuándo permanecer dormido."

* * *

MAÑANA

Deberían estar avergonzados por comportarse como niños la noche anterior a una fiesta. ¿Por cuánto tiempo seguirán siendo como "alguien que espera al mañana"?

Proverbio

DESCONCERTANTE

Hermoso como una novia es el mundo. Pero ten cuidado: Porque nadie se puede casar con esta desconcertante novia.
(Anwar-i-Suhaili)

Interpretación

Cierto maestro derviche solía pasar seis días a la semana en meditación. En el séptimo viajaba a la ciudad más cercana a su Zawiya y caminaba de una tienda a otra, bebiendo té y manteniendo conversaciones espontáneas.

En una de estas ocasiones, un forastero lo vio degustando pasteles de miel en compañía de cierto erudito. El forastero, cuyo conocimiento del Sufismo estaba limitado a las concepciones populares de la devoción de los derviches, exclamó a viva voz en el mercado:

"¡Que la vergüenza caiga sobre el derviche que se junta con simples pedantes! Cuando un hombre tiene la opción de la reflexión interna significativa y sin embargo persigue cosas infantiles, ¡seguramente está lejos de la realización!"

Entre aquellos que lo escucharon se encontraban algunos que estaban mejor informados acerca de la reputación del maestro, aunque no de su modo de actuar. Dijeron:

"Este hombre de conocimiento está, sin duda, compartiendo su sabiduría con la gente común y corriente; porque, ¿acaso los Sufis no han siempre proclamado que los académicos están en todo momento profundamente necesitados de conversar con hombres de experiencia real?"

Este pensamiento avergonzó al crítico. Imaginó que había aprendido algo a través de lo que realmente era una reprimenda superficial, basada en generalizaciones.

Esa noche, sin embargo, un visitante sutil se le apareció y dijo:

"Debido a que has sentido un arrepentimiento verdadero, tendrás una interpretación real del caso que te ha dejado perplejo. Por lo tanto, debes saber que los derviches actúan sobre los demás de una manera a menudo insospechada por aquellos que se benefician e inimaginada por los observadores. El efecto interno sobre el erudito, ocasionado por la compañía del derviche, es mil veces mayor si el derviche no discute con él. Es poderoso incluso si el derviche no habla de ninguna cuestión de supuesta trascendencia.

"Un derviche iluminado que está en silencio o incluso hablando de moscas y hormigas, está teniendo un efecto mucho mayor en el mundo que un erudito que habla de teorías y especulaciones o un sentimentalista que piensa que tiene sentimientos profundos."

*   *   *

CINCO CLASES DE ESTUPIDEZ

Los sabios han dicho que son cinco los signos de la estupidez:
Primero, buscar el propio bien mientras se daña a otros.
Segundo, buscar la cosecha de los últimos días sin disciplina ni servicio.
Tercero, amar a las mujeres de un modo severo y descarado.

Cuarto, querer aprender los refinamientos de la ciencia, fácil y confortablemente.
Quinto, esperar amistad sin ser uno mismo confiable y fidedigno.

(Anwar-i-Suhaili)

Yusuf, hijo de Hayula

Unos soldados, Acompañados por un pedagogo, se le acercaron una noche a Yusuf y dijeron:

"Las obras de Ibn el-Arabi han sido hoy arrojadas a las llamas por toda Andalucía. Tienes la reputación de estudiar la Sabiduría oriental (Sufismo). Tendremos que enjuiciarte."

"¿Cuál es su orden judicial?", preguntó Yusuf.

"Nuestra orden judicial es la del Faquih Ibrahim, el jurista-académico que está a tu lado."

Yusuf dijo:

"La culpabilidad por asociación no es admitida por la ley de Dios o del hombre. Estudio la Sabiduría oriental, pero no pueden decir que la practique."

Ibrahim dijo:

"Has escrito tres tratados sobre ella, los cuales son estudiados por jóvenes que son indiferentes a los mandatos más autoritarios."

Yusuf dijo:

"La ley permite que cualquiera estudie y cite, y no insiste en que un estudiante sea un practicante por definición."

Ibrahim dijo:

"¿Niegas practicar el Sufismo?"

Yusuf dijo:

"Niego que si me llevas a juicio podrás escapar sin parecer un tonto. Cuando Aristóteles escribió sobre minerales, la gente no lo acusó de ser un mineral; y si hemos llegado a tal estado, es hora de que volvamos a uno anterior."

"No podían preguntarles a los minerales", dijo Ibrahim.

"Desconocían el método."

"Debes estar loco."

"Y si lo estoy, la ley me protegerá: porque está prohibido perseguir a los locos. Los locos están bajo la protección de Dios, pues no tienen otro protector natural y el estado debe proteger a aquellos que están bajo la protección de Dios."

* * *

TAREAS

¿Por qué dejas que otros hagan lo que debería ser tu tarea?
¿Y por qué, después de tal

ociosidad, desprecias el trabajo de otros?
> (*Anwar-i-Suhaili*)

IMPRESIONES

El tiempo trajo mil impresiones.
A ni una de ellas había yo visto en el espejo de la imaginación.
> *Anwar-i-Suhaili*

En China

SE CUENTA DE un Sufi a quien, durante su visita a China, se le acercó un grupo de sacerdotes tradicionalistas que dijeron:

"En nuestro país hubo sabios que interpretaron los dichos de grandes hombres durante muchos miles de años. ¿Cómo podría entonces venir alguien desde el exterior y hablar o actuar de una manera no prevista en nuestra filosofía?"

Él respondió:

"Cuando se desea hacer fértil un trozo de tierra, puede que se deban talar árboles. Tal empresa es concebida y llevada a cabo por hombres de sabiduría. Entonces, tal vez cuando hayan muerto, será necesario preparar la tierra y agregarle materiales que ayudarán a fomentar un nuevo crecimiento. Esto es llevado a cabo por personas dignas de respeto y admiración. Cuando llega el momento de la introducción de un vegetal acaso anteriormente desconocido, aquellos que lo traen son tan importantes como los que vinieron antes; aunque puede que para un observador externo estén fuera de la sucesión de arar y gradar.

"Antes de la etapa de la degustación de la verdura, seguramente habrá muchos que dirán: 'Esto no es una acción prevista en nuestra agricultura.'"

* * *

Una persona solo está muerta cuando no se recuerda bien su nombre.

(*Anwar-i-Suhaili*)

Causar molestia

El maestro Sufi Ajnabi dijo:

"Escribe a Mulá Firoz y dile que no tengo tiempo para entablar correspondencia con él, y por lo tanto no tengo nada que decir a su carta."

El discípulo Amini dijo:

"¿Es tu intención molestarlo con esta carta?"

Ajnabi dijo:

"Él se ha molestado por algunos de mis escritos. Este fastidio ha hecho que me escriba. Mi propósito, al escribir el pasaje que lo encoleriza, era encolerizar a tales como él."

Amini dijo:

"Y esta carta, ¿lo encolerizará aún más?"

Ajnabi dijo:

"Sí. Cuando estaba enfurecido con lo que yo escribí, no observó su propia cólera: lo cual era mi intención. Él pensó que me estaba observando, cuando en realidad únicamente estaba encolerizado. Ahora escribo de nuevo para suscitar cólera, de modo que pueda ver que está colérico. El objetivo es que el humano se dé cuenta de que mi trabajo es un espejo en el cual se ve a sí mismo."

Amini dijo:

"La gente del mundo ordinario siempre considera malintencionados a quienes provocan cólera."

Ajnabi dijo:

"Puede que el niño considere malintencionado al adulto que intenta sacar una espina de su mano. ¿Es ello una justificación para intentar impedir que el niño crezca?"

Amini dijo:

"¿Y si el niño guarda rencor contra el adulto que le saca la espina?"

Ajnabi dijo:

"El niño realmente no guarda ese rencor, porque algo dentro de él sabe la verdad."

Amini le preguntó:

"Pero, ¿qué ocurre si nunca llega a conocerse a sí mismo, y sin embargo continúa imaginando que otros están motivados por sentimientos personales?"

Ajnabi dijo:

"Si nunca llega a conocerse a sí mismo, no tendrá ninguna importancia lo que él piense de otras personas pues nunca podrá comprender cómo son realmente."

Amini preguntó:

"En vez de producir cólera una

segunda vez, ¿no sería posible explicar que el escrito original fue compuesto con este propósito, e invitar al Mulá a revisar sus sentimientos previos?"

Ajnabi dijo:

"Es posible hacer esto, pero no tendrá un efecto adecuado; más bien tendrá un efecto adverso. Si le cuentas tus motivos al hombre, imaginará que te estás disculpando y esto hará surgir en él sentimientos que le son dañinos únicamente a él. Por consiguiente, al explicarle, le estarás de hecho causando un perjuicio."

* * *

La capacidad de un humano es la misma que la amplitud de su visión.

Proverbio

Desalentando visitantes

Un visitante le preguntó a Ajnabi:

"¿Por qué desanimas a aquellos que quieren venir a verte?"

Él dijo:

"Porque no puedo disuadirlos de que vean a otros."

El visitante dijo:

"No puedo comprender este misterio. ¿Cuál es el significado de tal comentario?"

Ajnabi dijo:

"El 'ir a ver a un maestro' es en sí mismo una condición, un estado que generalmente no tiene nada que ver con la razón para visitar a un sabio. Si una persona va a ver a un maestro porque en parte está necesitado de ir a ver a alguien, esa necesidad de ir a ver actuará como una barrera para su comprensión. Es por ello que es mejor ir a un festín y degustar la parranda antes de ir a ver a tu maestro."

El visitante dijo:

"¿Cómo puede uno descubrir que se hizo una visita con fines tan superficiales como el mero visitar a alguien?"

Ajnabi dijo:

"Siempre te das cuenta si la persona ha alcanzado su objetivo cuando llega la partida. Dicha persona irradia la misma sensación que alguien que ha ido al mercado y regresado a casa. Haya comprado algo o no, ha ido a un mercado."

Bahaudin

Un tirano que se creía erudito le escribió a Bahaudin:

"Estoy ofendido por lo que has escrito, lo cual no considero que sea histórica o literalmente exacto."

Bahaudin respondió:

"Fue por consideración a tus sentimientos que he escrito menos de una cuarta parte de lo que podría haber redactado sobre este tema. Considera, por lo tanto, si realmente no te estás beneficiando en lugar de lo contrario, ya que he hecho mucho menos de lo que podría haber realizado. Pero también debes saber que si llegase el momento en que el bienestar de mis discípulos lo requiriere, escribiré las tres cuartas partes restantes del asunto que te ofende: porque existe un límite más allá del cual puede que un hombre los prive de la verdad debido a la amabilidad para con una persona dogmática, sea un rey o un clérigo o un erudito."

*   *   *

Azúcar para un loro, carroña para los chacales.
Proverbio

Leyendo

Un Sufi fue a la corte de cierto rey. Los eruditos que rodeaban el trono dijeron:

"Su Majestad, a este hombre no se le debe permitir hablar hasta que nos haya convencido de que conoce en detalle los libros clásicos y sus comentarios, porque de lo contrario podría albergar pensamientos que acaso sean perjudiciales para el reino."

Pero el Sufi no podía recitar ninguno de los clásicos y su forma de hablar les resultaba extraña a los eruditos, que lo llamaron charlatán e hicieron que lo expulsasen.

Seis meses después, el Sufi apareció de nuevo y se presentó ante el maestro de ceremonias.

"Sufi, no se te permite ingresar a la Corte como un hombre culto", dijo el maestro, "ya que has fallado la prueba."

"Pero no estoy aquí como un hombre culto", dijo el Sufi. "Vengo como quien trae un regalo para su Majestad". Señaló un caballo que lo estaba siguiendo.

Cuando fue admitido ante la presencia real, el Sufi dijo:

"Me he atrevido a traer este caballo a Su Majestad, porque tiene características que creo merecedoras de la atención de un soberano."

"¿Y cuáles son esas?", dijo el rey.

"Haz que traigan cualquier tomo de los clásicos", dijo el Sufi.

Tan pronto como el libro fue presentado y puesto delante del caballo, este comenzó a pasar las páginas con sus pezuñas. De vez en cuando hacía una pausa, miraba al Sufi y relinchaba.

"¡Santos cielos!", dijo el rey, "este caballo está leyendo el libro y destacando ciertos pasajes."

"¿Acaso esto no es aun más maravilloso que las capacidades de los eruditos que, después de todo, son seres humanos y están mejor equipados que un caballo para leer libros?", preguntó el Sufi.

"Sí, efectivamente", dijo el rey. "Pero debo saber cómo llegó a suceder esta maravilla."

"Si te digo, acaso Su Majestad se vea tentado a despedir a todos los eruditos que ocupan puestos importantes", dijo el Sufi.

"Incluso ante ese riesgo, dime", dijo el rey.

"Bueno, entrené al caballo durante seis meses poniendo algo de avena entre las páginas de los libros", dijo el

Sufi, "y ese fue su incentivo: ganar un poco por cada pieza que aprendía. Los relinchos fueron su aporte."

"Pero esa es la forma en que los eruditos son entrenados", dijo el rey, "de modo que podemos prescindir de ellos."

Y esa es la historia detrás del cuento feliz de Sufistan, la historia del futuro. Tú has oído hablar de ello: la época y el lugar donde los verdaderos eruditos pudieron surgir debido a que los que eran similares a caballos – y su modo de adiestrar a sus sucesores y aduladores – fueron puestos en fuga por el rey que se convirtió en Sufi.

* * *

El fruto de la timidez no es ni ganancia ni pérdida.
Proverbio

Ojos y luz

El clérigo Khatib Ahmed dijo a Salih de Merv:

"Ilumina tu abstruso tema para mí, pues las presentaciones Sufis siempre permanecen oscuras cuando intento abordarlas."

Salih de Merv observó:

"Si los ciegos necesitan ojos y no luz, ¿cómo no les parecerá oscura una presentación brillante?"

*   *   *

DEGUSTACIÓN

Quien solamente busca su propio bienestar no saborea

un éxito total.
Del mismo modo que el tímido que teme a la resaca no puede disfrutar los placeres de la embriaguez.
(Anwar-i-Suhaili)

La importancia de la morada está en el morador.

Proverbio

Kasab de Mazar

El Sheikh Kasab de Mazar llegó a la ciudad de Mosul y entró a una mezquita donde un clérigo le estaba hablando a una gran audiencia acerca de moralidad y buenas obras.

El clérigo, viendo que Kasab se sentaba, exclamó:

"¡Y no hay mejor forma de finalizar mis observaciones que diciendo: espero que el herético Kasab rectifique su conducta y no esparza palabras divisorias mientras esté entre nosotros! ¡Por supuesto que él hará de cuenta que solamente está diciendo la verdad!"

Kasab se puso de pie y dijo:

"Mañana, en el centro de la ciudad,

pronunciaré palabras hipócritas para que todos las oigan. Pero aquellos que no deseen ser corrompidos podrán mantenerse alejados; a menos que sean lo suficientemente puros, a través de los esfuerzos constantes hacia la verdad ejercitados por el clérigo, como para soportar mis abominaciones."

Al día siguiente, una inmensa muchedumbre de gente se había reunido para escuchar a Kasab. Él dijo:

"He venido para hablarles por su propio bien."

Alguien preguntó:

"¿Es esta una declaración hipócrita?"

"Sí, lo es", dijo Kasab, "si es hecha por alguien que solamente desea que su nombre sea mejor conocido."

Continuó:

"Ahora haré la declaración hipócrita: 'Deben hacer el bien, porque todos ustedes saben lo que es el bien y lo que no lo es.'"

De nuevo alguien preguntó:

"¿Cómo puede ser esto una mala declaración?"

"Porque", dijo Kasab, "la gente no conoce lo que es el bien, y cualquier humano inteligente sabe eso. Las personas únicamente saben lo que se les ha dicho que es bueno o malo."

Luego dijo:

"Palabras de hipocresía incluyen decir cosas como, 'Tal y tal persona es buena o mala, o se la debe seguir o se la debe rechazar', cuando tales palabras significan realmente: 'Me gusta o no me gusta', 'quiero creer en él o no quiero creer en él.'"

Dijo después:

"¿Quiere alguien seguir oyendo palabras hipócritas?"

No hubo respuesta por parte de la multitud.

* * *

SOBERANÍA

La soberanía es un viento de cambio.
Hariri

Los corazones de los nobles son las tumbas de las confidencias.
Proverbio

La satisfacción es un tesoro que no decae.
Proverbio

Dinero

Yusuf ibn Jafar el-Amudi solía tomar sumas de dinero, algunas veces muy grandes, de aquellos que venían a estudiar con él.

Un distinguido legista, visitándolo una vez, dijo:

"Estoy encantado e impresionado por tus enseñanzas, y estoy seguro de que estás dirigiendo a tus discípulos del modo apropiado. Según la tradición, no es correcto tomar dinero a cambio de conocimiento. Además, la acción se presta a tergiversaciones."

El-Amudi dijo:

"Nunca he vendido ningún conocimiento. No hay suficiente dinero en la tierra para pagar por él. Por lo que respecta a las tergiversaciones, el abstenerme de tomar dinero no las evitará pues encontrarán algún otro blanco.

"Más bien deberías saber que un hombre que toma dinero puede ser codicioso de dinero, o puede no serlo. Pero un hombre que no toma nada en absoluto, está bajo la sospecha más grave de robarle el alma a su discípulo. A las personas que dicen: 'No tomo nada', puede que las encuentres quitándoles la voluntad a sus víctimas."

*   *   *

Ya que las espadas fueron
diseñadas para matar,
hicieron bien en darles forma
de lengua.

(*Anwar-i-Suhaili*)

Digestión

Ibn Darani escribió libros sobre medicina, religión, astronomía, matemática y las cualidades de las plantas.

Sus detractores afirmaban que escribió sobre demasiadas cosas para tener un conocimiento profundo. Añadieron que, incluso aunque conociera todas estas materias, debería enseñar sólo una de ellas para que ello fuese efectivo.

"Las personas se vuelven respetadas y autorizadas", dijeron, "al especializarse y hacerse conocidas por una cosa."

Un visitante preguntó a Ibn Darani sobre esto.

Ibn Darani dijo:

"Incluso una abeja es conocida por al menos dos cosas: la miel y la picadura; pero aquí hay una ilustración. Toma este durazno. Si quieres una cosa de él puedes elegir sabor, color, textura, frescura. Pero si estás buscando algo de esa manera, no quieres un durazno. Solo un tonto se acercaría a un durazno para decir: 'Tiene demasiadas cosas para mí: ¿por qué los duraznos no tienen solo sabor?'"

*   *   *

Antes de que el antídoto llegue de Iraq,
el hombre con la picadura de serpiente habrá muerto.

(Saadi)

Objetivo

Un derviche se le acercó a un maestro Sufi y dijo:

"Noble Guía, deseo aprender de ti cualquier cosa que pueda comunicarles a otros."

El Sufi le dijo que fuera al jardín y que alimentara aves y animales hasta que acudieran a él cada vez que aparecía.

El derviche hizo esto durante tres años. Al final de este período regresó ante el Sufi y dijo:

"Los pájaros y los animales vienen a mí cada vez que me muestro ante ellos."

El Sufi dijo:

"¿Todavía quieres aprender para impartir a otros?"

El derviche respondió:

"Me he dado cuenta de que debo aprender todo lo que pueda aprender, y no intentar aprender con un propósito, hasta que conozca la valía del propósito."

El Sufi dijo:

"Ahora puedes empezar a aprender. Si tu atención no se hubiera centrado en las aves y los animales, tu mente real habría sido incapaz de resolver este problema de comprensión. La atención exige un objeto, como una flecha exige un blanco. Pero tener una flecha en el blanco todo el tiempo o tener todos los blancos llenos de flechas o hacer que todos los arqueros disparen a la vez o hacer creer a la gente que disparar es necesario cuando tienen otras cosas que pueden hacer y ser, es evidencia de estupidez y un camino seguro hacia el olvido."

El alimento del pavorreal

Un discípulo le preguntó a un sabio Sufi sobre el comportamiento de un determinado derviche:

"¿Por qué él, cuando estaba vivo, defendía su reputación tan fervientemente? Seguramente a los sabios no les preocupan los asuntos personales."

"Lo hizo", dijo el Sufi, "porque quería que la gente pensase: 'Estas personas son adversarios temibles... es mejor no entrar en conflicto con ellas.'"

"Pero, ¿por qué debería tener que ganar esta reputación, si era humilde?"

"Lo hizo con el propósito de evitarles a otros, en el futuro, la opresión. Y eso es exactamente lo que sucedió: muchas personas vulnerables fueron preservadas porque los opresores y los pensadores destructivos temían atacarlos sin una buena causa, en caso de que repentinamente mostrasen la fortaleza y resolución del derviche de quien hablamos."

"Y debido a que no pudo explicar esto sin revelar el plan, ¿se supuso que era vanidoso, terco y agresivo?"

"Tal cual; pero él no tenía opción. Tenía una oportunidad de hacer el bien para aquellos que lo sucederían, y tuvo que aprovechar esta oportunidad... aunque incurriese en reproche, tanto si era comprendido como si no.

"Cuidado con hacer interpretaciones superficiales de las vidas y los dichos de los Sufis. Este asunto es tan profundo que solo lo entienden aquellos que han llegado. Recuerda el dicho: 'Si tienes el estómago de un buey, no hables de comer el alimento de un pavo real.'"

El hombre perfecto

Un discípulo estudió bajo la guía de un Sufi durante varios meses. Un día dijo:

"Maestro, eres el hombre más grande del mundo y sin embargo relativamente desconocido. Siento que es mi deber viajar por todas las regiones del mundo y contarle a la gente de tu grandeza. ¿Cómo puede ser que el hombre infinitamente perfeccionado permanezca desconocido?"

El maestro dijo:

"Si yo dijese que soy el hombre infinitamente perfeccionado, o permitiese que otro lo haga... sabrías que no soy tal hombre. Sentir que debes representar a tu maestro como el hombre más grande sobre la tierra es un signo de tu propia arrogancia."

*   *   *

La vela quemó a la polilla: pero pronto desaparecerá en su propia grasa.
    (*Anwar-i-Suhaili*)

Sí, el mundo es una ilusión. Pero la Verdad es mostrada allí siempre.
    Subhani

Ahora comienza

Alami dijo:

"He dicho: 'No lean libros', y nadie lee ninguno. Pero cuando dije eso, se lo estaba diciendo a una concurrencia en particular. ¿Por qué las instrucciones están siendo seguidas por otra concurrencia?"

Aswad el Murid dijo:

"¿Qué libro debo estudiar entonces?"

Alami le dijo que leyera las *Contemplaciones alamitas*.

Cuando Aswad regresó, Alami le dijo inmediatamente:

"¿Has leído las *Contemplaciones*?"

"Sí", dijo Aswad.

"¿Cuáles fueron las instrucciones

que te di sobre este asunto?"

"Leer el libro titulado *Contemplaciones alamitas*."

"¿Has leído el libro?"

"He leído las *Contemplaciones*."

"Pero puedo decirte que no has leído todo el libro."

"No he leído el Prefacio ni las Notas, porque no me pareció que eran las *Contemplaciones*."

"Tal vez ahora quieras comenzar a seguir tus instrucciones", dijo Alami.

* * *

> El tazón está más caliente que la sopa.
>
> *Proverbio*

Mil dinares

Junaid dio un discurso que fue escuchado por cierto joven rico. Este muchacho quedó tan impresionado que volvió a casa y le dio todo lo que poseía a los necesitados, excepto mil dinares.

Tomando este dinero, volvió a Junaid y se lo ofreció.

Junaid dijo:

"¿Buscas enredarme en las cosas del mundo?"

Entonces el joven tomó el dinero y fue a la orilla del río. Aquí tiró las monedas al agua, una por una.

Cuando regresó a Junaid para convertirse en discípulo, el maestro dijo:

"El hacer en mil acciones algo que podrías haber hecho en una, muestra que no puedes convertirte en uno de mis compañeros. ¿Por qué no las arrojaste todas a la vez?"

*   *   *

Él ha sido un trabajador que ha terminado el trabajo.
Proverbio

Mira el grano de pimienta... y el tamaño del estornudo.
Proverbio

Las pruebas terribles

Hadrat Omar, hijo de Osman de Meca, escribió a Junaid, Shibli y Harari del siguiente modo:

"Tal es el terror del Camino del Espíritu, que nadie debería embarcarse en este viaje a menos que sea capaz de vadear dos mil cataratas rugientes y escalar dos mil montañas que vomitan fuego. Un humano que no esté preparado para semejantes pruebas terribles debería abstenerse de llamarse a sí mismo Buscador."

Junaid dijo:

"He pasado a través de todas de estas pruebas, excepto una."

Harari dijo:

"Yo apenas he dado los primeros

pasos vacilantes."

Shibli dijo:

"Yo ni siquiera he visto una indicación de tales terrores."

Entonces una voz desde el más allá aseveró:

"Aquellos que consideran tales arduas pruebas como terrores y que no las ven como ventajas necesarias, aquellos que se obsesionan con su propio sufrimiento en vez de pasar a través de él, no son Sufis sino otra cosa; no son gente de espíritu sino gente de sensaciones. Pertenecen al mundo, e imaginan que los sentimientos mundanos son sublimes."

*   *   *

Cuando llegue mañana, piensa
los pensamientos de mañana.
Proverbio

Hombres y camellos

Bahaudin naqshband estaba un día sentado en su terraza cuando llegó un numeroso grupo de aspirantes a discípulos.

Su líder dijo:

"Hemos venido en busca de la admisión en la Enseñanza y para sentarnos a los pies del maestro. Que esta intención pueda ser aceptada."

Bahaudin dijo:

"Dejen que todos pasen delante de mí y no digan una palabra."

Los discípulos desfilaron ante él.

Entonces el maestro dijo:

"El quinto, el decimoctavo y trigésimo cuarto son aceptados en el Camino."

El líder de los discípulos preguntó:

"¿Se me permite preguntar cuáles son las características que indican la admisibilidad?"

Bahaudin dijo:

"¿Cuál es tu vocación en la vida?"

El hombre respondió que era un criador de camellos.

"Entonces debes saber la calidad y potencialidad de los camellos al verlos pasar delante de ti. ¿Por qué no usas tu propia experiencia para decirte que una función similar podría ser posible para un hombre espiritual, trabajando en su propia esfera?"

*   *   *

Los murciélagos aparecen cuando se ha puesto el sol.

Proverbio

Exclamaciones ilustrativas

Hadrat Abul-Hasan Khirqani dijo:

"¡Mis limitaciones han sido muchas y, en comparación, mis invocaciones han sido demasiado pocas!"

Un hombre que quería convertirse en Sufi fue a ver a otro maestro y le preguntó:

"¿Cuál es el significado de tal comentario? Si Abul Hasan, el más grande de los santos, a su edad puede decir que no ha hecho lo suficiente de un modo y demasiado de otro, ¿qué esperanza hay para alguien que quiere aprender y es de rango inferior?"

El sabio respondió:

"¡Oh, tú que tienes un brillante

porvenir! No serás capaz de ingresar a las filas de los elegidos por mucho tiempo; no porque carezcas de las habilidades de Abul Hasan, sino porque aún no has notado que no se está refiriendo a sí mismo, sino que está actuando como espejo para tu propio ser interior."

*   *   *

> Una serpiente pasa a través del agujero cuando se ha enderezado.
>
> *Proverbio*

El éxito en el discipulado

Khamlat Posh dijo:

"Nunca he rehusado aceptar a nadie como discípulo. Pero en realidad la mayoría de las personas, aunque no lo aparenten, son incapaces de beneficiarse de la fase de discipulado, y así se excluyen a sí mismos de su operación.

"El discipulado es un asunto de método, no de potencialidad. Toda la humanidad puede tener los ingredientes que hacen a un hombre superior. Muy pocos han aprendido cómo abordar el problema.

"Ser un discípulo es ser capaz de aprender, no únicamente querer aprender. Nadie conoce el modo de aprender como capacidad natural... se le debe dar la habilidad.

"El deseo de aprender no es la base para el aprendizaje, sino la sinceridad. Las bases de la sinceridad son la franqueza y un gusto por el equilibrio.

"Querer hacer más de lo que eres capaz, y no aceptar que en ciertas ocasiones no se te responderá, eso es fracaso en el discipulado."

* * *

No puedes dar a dos blancos
con una flecha.

Proverbio

Granadas

Un discípulo fue a la casa de un médico Sufi y pidió ser aceptado como aprendiz en el arte de la medicina.

"Eres impaciente", dijo el doctor, "y así no lograrás observar cosas que necesitas aprender."

Pero el joven suplicó y el Sufi estuvo de acuerdo en aceptarlo.

Después de algunos años el joven sintió que podía ejercitar algunas de las habilidades que había aprendido. Un día, un hombre caminaba hacia la casa y el doctor, observándolo a la distancia, dijo:

"Ese hombre está enfermo. Necesita granadas."

"Tú has hecho el diagnóstico; deja

que le prescriba, y así habré hecho la mitad del trabajo", dijo el estudiante.

"Muy bien", dijo el maestro, "siempre y cuando recuerdes que la acción también debe ser considerada como una ilustración."

Apenas el paciente llegó al umbral, el estudiante lo hizo entrar y dijo:

"Estás enfermo. Come granadas."

"¡Granadas!", gritó el paciente, "¡qué tontería!, cómetelas tú", y se marchó.

El joven preguntó a su maestro cuál había sido el significado del intercambio.

"Lo ilustraré la próxima vez que nos toque un caso similar", dijo el Sufi.

Poco tiempo después, los dos estaban sentados afuera de la casa cuando el maestro levantó brevemente su mirada y vio a un hombre aproximándose.

"Aquí hay una ilustración para ti... un hombre que necesita granadas", dijo el médico.

Se hizo ingresar al paciente y el doctor le dijo.

"Eres, según puedo ver, un caso difícil e intrincado. Veamos... sí, necesitas una dieta especial. Esta debe estar compuesta de algo esférico, con pequeños alveolos en el interior, un producto natural. Una naranja... no, eso sería del color erróneo... los limones son demasiado ácidos... Ya lo tengo: ¡granadas!"

El paciente partió complacido y agradecido.

"Pero maestro", dijo el estudiante, "¿por qué no dijiste directamente 'granadas'?"

"Porque", dijo el Sufi, "él necesitaba *tiempo*, además de granadas."

* * *

Si eres pobre, tendrás mil sueños.
Obtén apenas una sola moneda, y sin embargo tendrás solamente veinte opciones.
Dicho

Como el halcón, sé un cazador y proveedor para otros.
No un comedor de deshechos como la cría del cuervo.
(*Anwar-i-Suhaili*)

El durmiente

AKRAM ERA UN hombre que buscaba seriamente el conocimiento verdadero, y después de muchos años llegó a la casa de un sabio que conocía todos los secretos de la vida.

Akram pidió que le fueran revelados los misterios, pero el sabio dijo meramente:

"Lo primero es lo primero, y una cosa a la vez."

Pero después de algunos años de atender los más pequeños deseos del maestro, lo único que Akram podía decir que había aprendido era: "Habrá una Edad Dorada dentro de algunos siglos."

"Entonces viajaré a esos siglos

venideros", se dijo Akram, ya que no podía imaginar que el sabio fuese capaz de ayudarlo mientras tanto.

Dejando la compañía del adepto, recorrió el mundo y finalmente encontró a alguien más de su agrado; este era un faquir hacedor de maravillas que accedió a poner a Akram en un sueño de setecientos años.

Cuando despertó, fue para encontrarse en medio de las ruinas de una civilización poderosa que había dejado restos de palacios imponentes, hermosos jardines descuidados y maravillas de toda clase esparcidas por el paisaje.

Durante días Akram anduvo a la búsqueda de algún signo de vida humana. Cuando el humo de una pequeña fogata mostró al fin una morada, Akram encontró al lado del fuego a un derviche salvaje y solitario, vestido con harapos.

"Busco la Edad Dorada", dijo Akram.

"Te la has perdido... por unos doscientos años", dijo el derviche.

Abdali

Un hombre abordó a Abdali y dijo:

"Soy un pobre soldado; ayúdame a convertirme en oficial."

Un año más tarde le escribió para decirle:

"He sido promocionado, pero ahora estoy luchando en las fronteras y me parece arduo. ¿Podrías ayudarme por favor a obtener mi libertad?"

Seis meses después este hombre llegó a la Tekkia de Abdali, diciendo:

"Ahora estoy libre del ejército y me he convertido en comerciante. ¿Podrías mediar para que así yo pueda prosperar?"

Abdali dijo:

"Ay, no puedo decirte qué hacer,

ya que eres incapaz de pensar más allá de lo que imaginas que son tus propios intereses; de modo que tienes que recurrir a mí repetidamente para producir en tu carrera. Y vienes y me escribes, diciéndome qué debo hacer por ti… y ello no te beneficia."

El hombre preguntó:

"Si garantizar mis deseos no tiene ventaja alguna, ¿por qué lo haces?; ya que todo lo que te he pedido hasta ahora lo has realizado."

Abdali dijo:

"Todo lo que se ha hecho por ti se ha realizado para mostrarte una lección. La lección es: 'Cada vez que escoges un objetivo para ti, este se echa a perder.'"

El hombre dijo:

"Entonces elije un objetivo para mí."

Abdali dijo:

"No puedo escoger un objetivo que

tú vayas a cumplir plenamente. No estás en condiciones de estar dispuesto a equiparte para lograr objetivos."

La piedra

Alguien preguntó:

"¿Cómo puede un pensamiento pequeño ser obstáculo para uno grande? Si una persona ha adquirido capacidades que le permiten comprender cosas importantes, ¿acaso estas no la capacitarán plenamente para superar la influencia distorsionadora de pensamientos pequeños?"

Sayed Nimr dijo:

"Recojan piedras, todos ustedes, piedras pequeñas. Estas piedras no bloquean la visión cuando están a cierta distancia: son demasiado pequeñas. Pero si sostienen incluso la más pequeña de las piedras delante de su ojo, parecerá grande porque será un obstáculo para la visión… bloqueará la vista."

*   *   *

No tiene sentido martillar hierro frío.
Proverbio

Sin cadenas

Preguntado acerca de qué era un Sufi, el gran maestro Hadrat Nuri dijo:

"Un Sufi es uno que no está encadenado, y que a su vez es inocente de mantener atados a otros.

"El Sufismo no puede ser descrito en términos de doctrina ni en forma de ceremonia.

"La doctrina necesita una instrucción de tipo superficial; el ritual necesita práctica repetitiva.

"El Sufismo es algo que está en la creación, no algo que se aplica a los resultados de la creación".

* * *

El horno está caliente: haz pan.

Proverbio

Musa de Isfahan

Durante muchos años Musa no solo enseñó a discípulos sino que también dirigió los complicados asuntos de sus propiedades. En representación de su gente debatió con abogados, envió representantes al rey y tomó decisiones acerca de innumerables asuntos cotidianos.

Después de su muerte, dos letrados estaban hablando acerca de él. El primero dijo:

"¡Qué excelente ilustración de cómo un hombre puede ser práctico y también morar en los dominios sublimes del pensamiento!"

El otro respondió:

"La vida de Musa fue, más bien,

un raro ejemplo de enseñanza total. Sus acciones mundanas eran tan importantes como sus aspectos espirituales."

"Pero, ¿cuál podría ser la importancia de las actividades seculares?"

"Era doble: en primer lugar, las actividades mundanas permitieron a Musa mantener el bienestar físico de sus discípulos; en segundo, le permitieron ilustrar a ellos, cada día y delante de sus ojos, la superficialidad de la vida ordinaria."

*   *   *

La luz del sol prueba su propia existencia.

Proverbio

Sandalias

Al maestro Sufi Ghulam-Shah se le preguntó qué patrón utilizaba al formular sus cursos para discípulos. Dijo:

"Descalzo hasta que puedas obtener sandalias; sandalias hasta que seas capaz de usar botas."

*   *   *

Una mentira excluirá cuarenta verdades.
Proverbio

Lucha

UNA VEZ, UN hombre fue a ver a un derviche y pasó con él tanto tiempo como le fue permitido. Un día, esperando que fuese el momento oportuno, dijo:

"Deseo tener éxito en la vida."

El derviche dijo:

"Pasa dos años recorriendo las calles de esta ciudad, gritando a intervalos: '¡Todo está perdido!', y luego establece una pequeña tienda."

Cuando finalmente abrió su tienda, todo el mundo en la ciudad lo conocía; y la mayoría lo evitaba ya que pensaban que era un derviche enloquecido.

Sin embargo, a la larga el hombre ganó su confianza; sus asuntos comenzaron a florecer y a su debido tiempo se volvió excepcionalmente próspero en todos sus emprendimientos.

Ahora, rico y poderoso, buscó al derviche que le había aconsejado y dijo:

"¿Qué magia había en tu invocación de 'Todo está perdido'?"

El derviche dijo:

"Su valor estuvo en conducirte a un estado de impotencia casi total, de modo que tuvieses que luchar tanto para contrarrestar las desventajas que estarías destinado a elevarte hasta la cima."

El hombre dijo:

"¿Cómo es que tú, un hombre de Dios, aprendiste el funcionamiento de tal proceso material?"

El derviche respondió:

"Mediante analogía. Meramente

adopté los medios que el hombre espiritual debe aplicar según las necesidades del mundo inferior; y no había duda con respecto al resultado."

El indagador yemenita

Se narra que el gran Imán el-Ghazzali se encontraba una vez sentado en silencio entre un grupo de sus estudiantes, cuando se anunció la llegada de un visitante del Yemen.

Cuando el Imán hizo una señal de que se podía hacer cualquier pregunta, el yemenita dijo:

"¿Cómo haremos para conocer más acerca de ti y de tus obras y del significado de tu filosofía?"

El Imán dio órdenes para que fuesen traídos cincuenta volúmenes diferentes de sus libros y entregados al visitante. Entonces le dijo:

"Estudia estos libros y tendrás la

respuesta a tu pregunta."

Cuando el yemenita se hubo ido, un discípulo preguntó:

"No tengo manera de comprender el significado de este encuentro. ¿Podría el Imán decir algo acerca de ello?"

El-Ghazzali dijo:

"Aprenderás a través de la digestión del acontecimiento."

Muchos años después, tras la muerte del Imán, alguien que había escuchado este intercambio preguntó al discípulo qué sabiduría había obtenido gracias a ello.

El discípulo respondió:

"Ciertamente lo he comprendido, aunque la pereza personal y el pensamiento superficial me velaron el significado durante mucho tiempo. El Imán le estaba dando al yemenita una oportunidad para familiarizarse con su enseñanza en la forma escrita, para que en algún momento pudiese trascender la forma escrita.

"El Imán supo, mediante el comportamiento y modo de aproximación del indagador, que este primero tenía que luchar con su prejuicio para con los libros."

"Pero, ¿qué habría ocurrido si el indagador hubiese llegado a la conclusión de que el Imán le rendía un honor especial al regalarle sus libros?"

"El yemenita habría fallado."

"Y, ¿qué habría sucedido si el yemenita hubiese dedicado todo su tiempo a intentar sonsacar un significado de las cincuenta obras?"

"Nadie puede ayudar a una persona así."

"Y... ¿qué habría pasado si el yemenita se hubiese ofendido al dársele material para leer en vez de compañía?"

"Eso habría mostrado que el yemenita no estaba listo para estar en compañía. La compañía (el contacto directo) es precedida por la aceptación de las indicaciones del compañero."

*   *   *

Cada palo tiene dos extremos.
Proverbio

El viaje de Minai

Mohsin Minai estaba insatisfecho con su vida convencional como ayudante de un esmaltador, y partió para hacer fortuna.

Se alejó de su ciudad natal, buscando oportunidades. Apenas había atravesado la puerta principal cuando alguien – a quien conocía ligeramente – exclamó:

"Mohsin, si quieres un trabajo como esmaltador, conozco a alguien que puede ofrecerte un puesto."

Minai dijo:

"No, gracias. He abandonado esa clase de vida. Estoy en búsqueda de cosas mejores."

Sin embargo, si hubiese aceptado

la oferta, pronto se habría convertido en un famoso esmaltador y reconocido artista; pues tal era el final de la oportunidad cuyo comienzo había declinado aceptar.

Este encuentro lo hizo aún más ansioso de seguir su destino. Se dijo a sí mismo: "Si no me hubiese puesto en marcha, quedándome apenas sentado en aquella tienda del esmaltador en el bazar, no se me habría ofrecido la oportunidad de convertirme en un experto esmaltador durante muchos años. Así es que veo que al viajar surgen oportunidades."

Mohsin continuó su camino. Enseguida se encontró con un forastero que le preguntó:

"¿Cuál es tu ocupación?"

"Soy un maestro esmaltador", dijo Mohsin, pensando para sí: "Bueno, ya lo sería a esta altura si me hubiese quedado en mi propia ciudad. ¿Por qué, entonces, debería presentarme apenas como un ayudante?"

El forastero dijo:

"Mi hermana se está por casar y me gustaría ofrecerle un artículo esmaltado de calidad única. Si te diese todos los materiales y facilidades, ¿podrías hacérmelo?"

"Ciertamente", dijo Mohsin.

Entonces se estableció en un pueblo cercano e hizo un magnífico brazalete esmaltado para la boda.

Minai pensó: "Aquí estoy, haciendo dinero y ganando reputación y admiración por asumir una posición que según la opinión de los hombres antes no tenía, pero que claramente soy capaz de sostener."

Mohsin había comprado una tienda

con los beneficios de su primer gran encargo independiente, y pensó que pasaría algún tiempo en esa ciudad en particular.

Pero no mucho después, alguien entró a la tienda y dijo:

"Soy un esmaltador, buscando algún lugar donde asentarme; me gustaría comprar tu negocio."

Y ofreció a Mohsin una suma tan grande de dinero por su tienda y el fondo de comercio que la transacción se completó de inmediato; y Minai se puso de nuevo en camino.

Después de un par de días de viaje, Minai fue atacado por bandoleros que tomaron todo su dinero y lo dejaron desnudo, apaleado y sin recursos a la vera del camino.

Minai no se dio cuenta de que si se hubiese quedado donde estaba le habría ido mucho peor, pues ese mismo día la tienda que había vendido fue tragada por un terremoto y su sucesor murió.

Minai yacía al lado del camino, lamentando su suerte y falta de capacidad para ceñirse a una sola cosa, reprochándose el haber vendido la tienda debido a su codicia.

Enseguida un hombre caritativo que pasaba por allí se acercó al infortunado esmaltador.

"Ven a mi casa", dijo, "y te ayudaré."

Minai fue a la casa de su nuevo amigo y permaneció allí mientras sanaban sus heridas. El hombre le dio trabajo en su jardín; y Minai pasó allí tres años, temeroso de viajar de nuevo y que algo desafortunado le sucediese debido a su desdicha. Al mismo tiempo, se felicitaba por su propia humildad al ser capaz de interrumpir sus ambiciones y por su capacidad para cubrir un puesto tan humilde como el de jardinero cuando él realmente era un artesano. Se consideraba a sí mismo especialmente virtuoso por cancelar su deuda con su rescatador, al servirlo como parte de pago por la compasión instantánea que había mostrado para con un vagabundo pobre.

Lo que Minai no sabía, sin embargo, es que si él hubiese permanecido a la vera del camino algo completamente diferente habría ocurrido.

Los bandoleros ya se habían peleado cuando la mala suerte los golpeó repetidas veces. El líder fue asesinado por su lugarteniente, el cual recogió todo el dinero de Minai – y algo más también – y lo arrojó de vuelta al lugar donde Minai había estado yaciendo, para librarse de la "maldición".

Cuando hubo trabajado durante mil días en el jardín de su patrón, Minai pidió permiso para marcharse y se dirigió a la ciudad más cercana. Consiguió trabajo como ayudante de un esmaltador, y a su debido tiempo ascendió a la posición de jefe esmaltador en una orfebrería.

"Ahora", se dijo a sí mismo, "estoy verdaderamente de vuelta en el camino correcto, porque aquí es donde habría estado si nunca hubiese tenido tales ideas de grandeza ni emprendido mis viajes en absoluto."

Pero lo que no sabía era que sus imaginaciones acerca de su propia humildad, y su vana creencia de que todos los acontecimientos en su vida formaban algún tipo de unidad coherente, eran las barreras para su progreso real.

Cuando Minai, debido a malentendidos, fue arrestado y condenado por malversación, comenzó a reordenar sus pensamientos de este modo:

"Si solamente hubiese permanecido donde estaba, ahora estaría en una mejor situación. Pero desventuras tales como la presente son apenas pruebas, y debo ser paciente."

De lo que no se percató, y nunca comprendió a lo largo de toda su vida, es que varios acontecimientos son parte de diferentes hilos de causa y efecto en una vida. Cualquiera que intente ponerlos juntos en una sola historia, adulándose a sí mismo al postular un único destino, se encontrará con el tipo de resultado que no es "prueba" de humildad y paciencia sino un pago por su propia estupidez. La gente que siempre imagina que son puestos a prueba cuando están siendo retribuidos, sufren de la vanidad que les impide incluso imaginar que en algún momento u otro pueden estar recolectando la cosecha de algo plantado por ellos.

* * *

PAN, RATONES Y...

Mantén el pan alejado de los ratones... y el trabajo Sufi de los eruditos.

Dicho

La leyenda del médico oculto

EN CIERTO PAÍS HABÍA un médico. Vivía en una época en que los conocimientos medicinales eran, en la mayoría de los lugares, bastante pobres. Debido a esto, decidió poner su conocimiento a disposición en la parte más remota – al oeste – del continente en el cual vivía. En aquella tierra, llamada Gharb, el conocimiento médico era casi inexistente aunque en todos los otros aspectos sus habitantes habían desarrollado una cultura elevada.

Siendo sabio además de docto, nuestro médico hizo investigaciones minuciosas acerca de la gente de Gharb antes de ir allí. Descubrió, entre otras cosas, que había una tendencia entre los gharbicos a adquirir cualquier cosa útil de la cual hubiesen oído hablar y usarla de modo destructivo. Asimismo, se sabía que ciertos déspotas se apoderaban de valiosas porciones de conocimiento y las conservaban para su propio uso privado.

Por lo tanto hizo que circulase el rumor de que había un doctor, en un país lejano, que conocía el remedio para muchas enfermedades. Mucha gente partió en su búsqueda, en gran parte por las razones equivocadas: pues eran ciudadanos de Gharb. Debido a su entusiasmo (algunos dicen codicia), ciertos viajeros llegaron a creer que habían encontrado al "doctor maravilloso". Algunas veces se encontraban con él sin saberlo; pensaban entonces que su malestar se había curado por algún otro medio; otras veces creían que su enfermedad se había "curado sola".

Lo que estaba ocurriendo realmente era que el doctor, a quien solamente le interesaban la curación y preservación, vivía de incógnito entre sus pacientes.

También tenía representantes en otros países. Estas personas decían que tenían curas para diversas enfermedades pero que eran muy caras. De hecho, no era así: las medicinas no costaban nada. Entonces, ¿cómo se gastaba el dinero?

El dinero cubría los gastos de viaje del doctor, quien a menudo tenía que viajar personalmente desde muy lejos para examinar a un paciente, por lo general sin que el paciente lo supiera, y prescribir el tratamiento. Debido a que, por razones necesarias, el procedimiento era encubierto, a menudo los pacientes suponían que el tiempo que la medicina tardaba en actuar tenía algo que ver con la relación entre el cuerpo y la prescripción. En realidad, claro está, el paso del tiempo correspondía al período que le llevaba al doctor llegar hasta sus pacientes.

Imagina, ahora, lo que ocurrió cuando murió este doctor. Todos los intermediarios mal informados continuaron hablando acerca de la cura distante, del tiempo y del costo. No sabían que otro médico, nombrado por el primero, lo había sucedido y proseguía con los tratamientos de un modo apropiado para las condiciones cambiantes y su propia individualidad. Él no siempre elegía a los mismos representantes o a sus sucesores.

*   *   *

El arrepentimiento del lobo
es... la muerte.
Proverbio

Solo tres hombres en el mundo

Érase una vez, cuando los hijos de Adán se habían multiplicado excesivamente, en que las calamidades comenzaron a aumentar. Algunas de estas calamidades fueron denominadas enfermedades, otras fueron llamadas la estupidez de los hombres, algunas eran de origen y significado desconocido.

La gente se agrupó en tribus y naciones para poder resistir, repeler o escapar a esas calamidades.

La gente se separó y cesó de comprenderse a sí misma e incluso a los demás. Aquellas formas de actividad que los humanos habían inventado, imitado y aprendido – incluso de los insectos –, ahora les impedían prestarles atención a algunos de los propósitos para los cuales los humanos fueron distribuidos originalmente sobre la tierra.

El maestro derviche Khidr viajó extensamente a través de los varios estratos de la humanidad, por desiertos y ciudades, por islas y montañas, por las aldeas y campos nómadas, buscando a personas que acaso fuesen capaces de escuchar su mensaje: "El verdadero bienestar del humano es el mismo que el verdadero bienestar de los humanos."

Pero el hecho extraño era que solo hubiese tres hombres en todo el mundo que podían escuchar sus palabras.

Khidr dijo al primer hombre:

"Ven de viaje conmigo, pues acaso te haga algún bien."

El primer hombre lo siguió, y

enseguida se toparon con un río. Mientras lo contemplaban, Khidr preguntó:

"¿Qué te gustaría que ese río fuese para ti?"

El hombre dijo:

"Me gustaría que obedeciese mis órdenes, de modo que pudiese hacerlo trabajar para mí, y que mediante su uso yo y también otros nos pudiésemos beneficiar."

"Muy bien", dijo Khidr.

Continuaron su viaje y al rato se toparon con una montaña. Khidr le preguntó:

"¿Qué te gustaría que aquella montaña fuese para ti?"

"Me gustaría que me diese su conocimiento, porque ha estado aquí más tiempo que yo. Entonces podría hacer uso del conocimiento y transmitir algo de él a otros", dijo el hombre.

"Muy bien", dijo Khidr.

Continuaron su camino, y luego llegaron a un país de campos sonrientes y árboles colmados de frutos.

"¿Qué quisieras que este país fuese para ti?", preguntó Khidr.

"Me gustaría poseer este país, pues entonces podría vivir aquí y pasar los años que me quedan instruyendo a otros en la sabiduría que habré obtenido", dijo el hombre.

"Muy bien", dijo Khidr.

Y entonces Khidr dejó a este hombre, y a su debido tiempo todas estas cosas acontecieron.

Luego Khidr encontró al segundo hombre que podía escucharlo y lo invitó a que lo acompañase en un viaje. Partieron juntos.

Se toparon con un sabio que le

estaba hablando a la gente, y Khidr preguntó a su segundo acompañante:

"¿Qué quisieras que este hombre fuese para ti?"

"Me gustaría que me aceptase como su sucesor, de modo que cuando muriese podría proseguir su enseñanza", dijo el segundo hombre.

"Muy bien", dijo Khidr.

Continuaron su camino, e inmediatamente se cruzaron con un grupo de hombres que oprimían a algunos inocentes.

"¿Qué te gustaría ser capaz de hacer en estas circunstancias, si tuvieses la elección?", preguntó Khidr.

"Me gustaría ser capaz de eliminar la opresión que sufren estos inocentes y castigar a los malvados", dijo el hombre.

"Muy bien", dijo Khidr.

Continuaron su camino, y más tarde llegaron a un pueblo donde la gente tenía muchas cualidades; sin embargo, se habían vuelto tan estrechos de mente que no dejaban el pueblo para compartir sus habilidades con otros.

"¿Qué te gustaría ser capaz de hacer al respecto?", preguntó Khidr a su compañero.

"Me gustaría poder convencer a toda esta gente de que tienen el deber de compartir lo que saben con todas las personas del mundo", dijo el hombre.

"Muy bien", dijo Khidr. Y lo dejó, habiendo concedido sus deseos.

Entonces Khidr fue y encontró al tercer hombre, el último hombre en todo el mundo que podía escucharlo, y le pidió que lo acompañase en un viaje. El hombre accedió.

No habían estado viajando mucho

tiempo cuando llegaron a un lugar donde había nobles y esclavos, gentes de posición elevada, humilde y mediana.

"¿Qué te gustaría ser capaz de hacer en tal situación?", preguntó Khidr.

"Me gustaría ser capaz de hacer lo que es realmente correcto", dijo el hombre.

"Muy bien", respondió Khidr.

Continuaron su camino, y al llegar se toparon con personas que estaban hambrientas – ya que sus cosechas se habían malogrado –; Khidr le preguntó a su compañero:

"¿Te gustaría que se alimentase a esta gente?"

El hombre respondió:

"Me gustaría que estuviesen conformes con la pobreza cuando sea lo mejor para ellos, y disconformes con ella cuando sea lo apropiado para ellos", dijo el hombre.

"Muy bien", dijo Khidr.

Continuaron su viaje, y poco después llegaron a un lugar donde toda la gente parecía piadosa y obediente, donde mantenían la ley y el orden, y donde todo el mundo parecía contento con su suerte.

"¿Qué te gustaría hacer con esta gente?", preguntó Khidr.

"Me gustaría que fuesen capaces de comprender exactamente qué es bueno para ellos y qué es lo que podrían estar haciendo y sintiendo", dijo el hombre.

"Muy bien", respondió Khidr.

Khidr, tras otorgar los tres deseos de este hombre, lo abandonó; y es a partir de estas nueve aspiraciones de los tres únicos hombres en el mundo que podían oír a Khidr de donde se derivan todas las empresas y preocupaciones humanas.

Sin embargo, fue el trabajo del tercer hombre el que obtuvo la aceptación de Khidr; y el que se está abriendo paso a través de las sucesivas generaciones de hombres.

* * *

> El ladrón que no ha sido atrapado es un rey.
>
> *Proverbio*

El palacio del Hombre de Azul

Un día, un grupo de personas que habían estado viajando juntas a través de cierto país se toparon con un palacio magnífico a la vera del camino. Se detuvieron a admirarlo, y un mayordomo salió y dijo:

"Mi señor, el dueño de este palacio, los invita a pasar un rato aquí. Hay refrescos y diversiones, si es que les gustaría considerarse nuestros invitados."

Los viajeros siguieron contentísimos al hombre hasta el patio de entrada. Allí había una multitud de gente, todos observando a un hombre ataviado con una túnica azul. Tocó a los presentes uno a uno, los cuales parecían estar todos enfermos; y uno tras otro fueron cambiando: los lisiados caminaron, los pálidos se veían nuevamente sanos, los jorobados se enderezaron.

Uno de los visitantes dijo a sus compañeros:

"Pero… ¡esta es la cosa más extraña que he visto! Este hombre es un sanador y sin embargo, en mi propia ciudad, lo he visto ir de un médico a otro buscando una cura para varias enfermedades que padecía."

En pocos minutos, el hombre había terminado de tratar a sus pacientes; los despidió y condujo a sus invitados a una sala de banquetes donde todo tipo de delicias los estaban aguardando. Tan pronto como se sentaron para comer, uno del grupo dijo a sus compañeros.

"¡Esta es la cosa más extraña que he visto en mi vida! Este hombre da banquetes, y sin embargo en mi propia ciudad lo he visto mendigar mendrugos de pan de puerta en puerta."

Una vez finalizada la comida el anfitrión los llevó a que viesen sus jardines, los cuales cubrían una inmensa extensión de terreno. Allí, entre todas las variedades de frutas y flores concebibles, estaba trabajando una muchedumbre de jardineros que pululaban como hormigas a través de los campos.

Cuando el hombre de azul estaba lejos, otro de los invitados dijo a los demás.

"¡Esto es lo más extraño que he visto en mi vida! Aquí hay un hombre que debe de emplear a más de quinientos jardineros, y sin embargo en mi propia localidad lo he visto buscar trabajo desesperadamente para sí mismo... y a menudo era incapaz de encontrarlo."

Minuto a minuto se incrementaba el asombro de los visitantes.

No disminuyó cuando otro de ellos dijo:

"Este hombre es bien conocido en mi propia zona. Allí es un mendigo que extiende penosamente su mano por la más mísera moneda. Sin embargo, aquí debe de estar gastando más dinero en un día que un rey en un año."

Y, aunque parezca extraño, todas y cada una de esas personas había visto al hombre de azul, en un momento u otro, en circunstancias de necesidad y sufrimiento.

Luego de que ellos hubieron pasado varias horas en una mezcla de diversión y perplejidad, el anfitrión dijo a su mayordomo.

"Ahora me retiraré a descansar. Por

favor, escolta a nuestros amigos de regreso al camino y satisface cualquier curiosidad que ellos pudiesen tener... acaso haya algún detalle acerca del cual nos hayamos olvidado de informarles. Iría contra las leyes de la hospitalidad el permitir que nos abandonasen sin haber cumplido sus deseos."

El mayordomo los llevó hacia la puerta del palacio y se apiñaron a su alrededor, todos hablando al unísono. Uno preguntaba acerca de las curaciones, otro de la comida, un tercero respecto a la pobreza, un cuarto acerca de los gastos de su extraño anfitrión.

El mayordomo dijo:

"Tengo una cosa que decir que responderá a todas sus preguntas: pues sus preguntas son realmente una sola pregunta aunque les parezcan diferentes. Aquí está su respuesta:

"Mi amo, a través de sí mismo, les ha dado en el pasado a cada uno de ustedes una oportunidad para ayudarlo. Pero cuando un hombre necesitado pide ayuda y lo ayudan, se están ayudando a ustedes mismos. Así es como se mantiene abierto todo el tiempo el camino para que el humano haga el bien, entre todas las comunidades, de todos los modos posibles."

El mayordomo se dio la vuelta y entró al palacio. Al hacerlo, como un espejismo, todo vestigio del palacio se esfumó.

*   *   *

Ningún mosquito pica por malicia.

Proverbio

El hombre que quería conocimiento

Una vez, un hombre se dijo a sí mismo:

"¿Cuál es la utilidad de llevar a cabo las prácticas de la orden a la que estoy adherido, de respetar a los adeptos, de hacer donaciones y leer todos esos libros?"

Un forastero que pasaba por ahí se detuvo y, como si hubiese leído su mente, dijo:

"Por cada actividad externa hay una actividad interna. Por cada acción interna existe un equivalente en una tierra lejana."

"Pero", dijo el hombre, "¿y suponiendo que la gente dejase de seguir las prácticas del Sendero?"

Como en un sueño, oyó que el

derviche decía:

"Esto es lo que pasaría si no hubiese maestros Sufis."

Vio que, por un instante, los canales de irrigación cercanos se habían secado.

"Y esto es lo que pasaría si no hubiese seguidores."

Toda la vegetación de los campos pareció amarronarse y se marchitó en unos segundos, delante de sus ojos.

"Y esto es lo que pasaría si los pasajes correctos de los libros no fuesen leídos."

Como granizo, comenzaron a caer del cielo pájaros muertos.

"Y esto es lo que pasaría si no hubiese suficientes personas sinceras que respetasen a los adeptos."

La mismísima tierra comenzó a temblar y parecía como si fuese a licuarse.

"Suficiente", exclamó el hombre,

"obedeceré, leeré, daré limosna, iré a las reuniones."

"¡Ay!", dijo el derviche, mientras el agua, las hojas y la tierra volvían a su estado normal; "ahora no puedes beneficiarte mediante ninguna de estas promesas."

"Pero ¿por qué?", dijo el hombre, "si estoy lleno de humildad."

"Porque te adhieres a la enseñanza sólo mediante la ansiedad o el deseo. Es de personas como tú que la Enseñanza debe distanciarse."

"Pero yo solamente quería conocimiento", dijo el hombre.

"Y obtuviste lo que querías", dijo el derviche, "algo inútil para ti y para nosotros."

*   *   *

Ningún problema es demasiado difícil para ser resuelto por un teórico.

Proverbio

El manto

ÉRASE UNA VEZ un viajero que naufragó en una isla remota e inexplorada.

Fue sacado del mar medio ahogado y atendido por los amables habitantes, los cuales lo cuidaron hasta su restablecimiento.

Después de un tiempo, este hombre comenzó a notar algo bastante insólito en los lugareños: tenían, comparados con él, una memoria muy limitada; esto hacía que para ellos fuese difícil acumular, comparar experiencias y comunicarlas entre sí. Como resultado, cada generación tenía que aprender desde cero; y en muchos casos cada persona tenía que experimentar la misma cosa una y otra vez antes de poder beneficiarse mediante la experiencia.

El viajero también notó que si vestía el manto con el cual lo habían envuelto, este servía para mantener su propia memoria; de otro modo se volvía cada vez más débil.

Se dio cuenta de que la prenda contrarrestaba de algún modo el clima local, el cual era el responsable de causar y mantener la amnesia.

Así fue como este manto se convirtió, por así decirlo, en la túnica de distinción del forastero. La gente lo respetaba principalmente debido a su memoria. Él comenzó a manufacturar estos mantos e intentó que la gente se los pusiese. Sin embargo, esto iba en contra de sus costumbres y muchos se oponían a lucirlos porque los asociaban con el gran "poder" y superioridad de su visitante.

No obstante, logró inducir a algunos a que vistiesen las túnicas. Estas personas, siempre que hiciesen los a menudo olvidados esfuerzos para recordar, se encontraron dotados con memoria.

La mayoría de la gente continuó sin vestir la túnica, o siendo afectados por ella sin hacer los necesarios esfuerzos, y con el tiempo todo lo que quedó efectivamente del conocimiento y su aplicación fue la frase, en el lenguaje de esa gente, "asumir el manto" o "ser investido con una túnica", denotando distinción y autoridad.

Como toda la gente en todas partes, esas personas habían confundido distinción y autoridad, elegancia y prestigio, con aquello que lo subyace: la capacidad.

Esa isla aún está allí; y también su gente. El viajero ha proseguido su camino.

Las túnicas continúan realizando las funciones decorativas, ritualistas y suscitadoras de emociones que la gente ahora considera apropiadas para ellos.

*   *   *

El dormir es para los cazadores lo que la excitación es para los estudiantes.
Proverbio

Historia no escrita

Ibrahim Yakubov tenía una pequeña tienda. No era un hombre popular, pues no pasaba tiempo con otra gente y nadie conocía mucho acerca de él.

Nadie sabía lo que hacía en su casa, y todos querían saberlo. Nadie sabía lo que pensaba y sentía acerca de las cosas que les interesaban. Todas las demás personas en su pueblo se la pasaban hablando acerca de lo que pensaban y sentían.

Cuando Yakuvob murió, encontraron en su casa una hermosa alfombra que había estado tejiendo.

"Él no pudo haber hecho esto, pues ese hombre no tenía alma", dijo la gente.

Entonces, un día, apareció un "hombre con alma" y todo el mundo cayó bajo su hechizo; y al final los destruyó: simplemente porque habían decidido que aquellos a quienes llamaban "gente con alma" eran buenos, y los otros malos.

*   *   *

Si no puedes yacer, te levantarás demasiado a menudo.
Proverbio

La leyenda del ganadero

Había una vez un ganadero que viajó lejos de su patria para ganar su sustento y también para compartir su habilidad especial y conocimiento con los criadores de ganado de otras tierras.

Cuando llegó al país donde había decidido asentarse, se dio a conocer como experto en ganado. Al principio la gente se apiñó a su alrededor, ansiosos de aprender su conocimiento.

Dijeron:

"Te damos la bienvenida pues somos especialistas en vacas y bueyes, y necesitamos una persona como tú; aunque este no es un buen país para criar tales animales porque enferman y mueren muy frecuentemente a pesar de toda nuestra ciencia."

Él les preguntó:

"¿Cómo alimentan y tratan a sus animales?"

Le describieron sus métodos y al instante pudo ver que, debido a profundas y falsas imaginaciones acerca de la naturaleza y tratamiento del ganado, de hecho estaban impidiendo que sus propios rebaños se multiplicasen e incluso floreciesen.

Para ellos sus propios sentimientos eran más necesarios que la cría adecuada del ganado, aunque imaginaban que estaban atendiendo a sus rebaños.

Cuando intentó señalarles esto, manifestaron tal horror y consternación que se vio obligado a decir:

"Estoy apenas bromeando; por supuesto que tratan a sus animales del modo correcto."

Debido a que dijo eso, la gente le permitió trabajar con sus animales. Al fin y al cabo lo nombraron para que fuese su administrador principal de ganado.

Ello significaba que este hombre tenía empleo en el país de su elección. Pero con respecto al asunto de ser capaz de desempeñar su habilidad principal – la de cuidar y tratar el ganado –, su situación le ocasionaba mucha ansiedad y dificultad.

Debido a que estaba obligado por los requisitos locales a tratar con remedios famosos pero inútiles al ganado cuando estaba enfermo, tenía que pasar un tercio de sus noches – cuando podría haber descansado – haciendo la ronda de los rebaños y administrando las curas apropiadas para ellos.

Debido a que tenía que alimentar al ganado con nutrientes insuficientes, ya que estos eran los que la gente local consideraba correctos, tenía que usar otro tercio de su tiempo libre para alimentar en secreto al ganado con lo que realmente necesitaban.

Solamente llegó a gozar de un tercio del tiempo que le correspondía para descansar.

Su vida fue acortada por este modo de vivir; pero obtuvo una gran reputación entre los ganaderos, quienes lo consideraban un parangón de virtudes en sabiduría ganadera, lo cual estaba sacralizado en su propia historia y aspiraciones.

Los rebaños de ganado mejoraron y florecieron. Cuando él murió y los perplejos ganaderos intentaron redoblar lo que ellos imaginaban que eran fórmulas correctas para tratar a sus rebaños, los animales comenzaron a morir incluso más frecuentemente de lo que lo habían hecho antes de que hubiesen conocido al forastero.

Fue solamente debido a que dejó a un hijo que había jurado mantener el secreto – y quien eventualmente asumió el puesto de su padre –, que el bienestar de la gente y el de sus vacas y bueyes fue mantenido... a pesar de ellos mismos.

* * *

El mejor jugador de un juego
es el espectador: pregúntale.
Proverbio

La desventaja

Un tejedor persa de alfombras desafió a un maestro tejedor turco a una competición.

Cada uno debía hacer la mejor alfombra que fuese capaz, de modo que un grupo de jueces pudiese decidir finalmente quién era el mejor tejedor del mundo.

Pero el turco era un filósofo cuya enseñanza se había resumido durante muchos años en esta frase:

"Nunca rehúyas, pero nunca compitas."

De modo que aceptó el desafío, apenas diciendo:

"Debo poner una condición, debido a la conocida disparidad entre tu trabajo y el mío."

"Sí, naturalmente", dijo el persa, "estoy preparado para aceptar una desventaja."

"Muy bien", dijo el maestro turco, "la condición será que te doy una ventaja de salida de doce mil años."

* * *

> Sé un tigre... si estás preparado para los problemas de un tigre.
>
> *Proverbio*

Cómo funcionan las cosas

Había un venerable derviche que, siendo capaz de ignorar ciertas ansiedades debido al grado de su desarrollo, era muy respetado por los lugareños.

Un día hicieron una colecta y le regalaron una oveja, que el derviche llevó a su retiro y cuidó con esmero.

Sin embargo, un ladrón oyó que el anciano tenía una oveja y decidió robarla; se puso en camino hacia la morada del derviche.

En el camino se topó con un diablo y le preguntó hacia dónde se dirigía:

"De hecho", dijo el diablo, "estoy yendo a la cueva de tal y tal derviche. Él está interfiriendo con el funcionamiento usual de las debilidades humanas y he decidido matarlo."

"Realmente no tenemos metas diferentes", dijo el ladrón, "porque yo también estoy yendo a ver al derviche. Mi misión es robar su oveja."

Así que caminaron en silencio y concordia durante un rato.

De pronto el diablo comenzó a pensar:

"Si dejo que el ladrón robe la oveja primero, puede que alerte al derviche... a quien necesito sorprender cuando esté dormido".

El ladrón, por su parte, pensaba al mismo tiempo:

"Si dejo que este diablo alcance primero al derviche, podría causar tal conmoción que despertaría a la gente del barrio; incluso podrían impedirme agarrar la oveja y mi noche habría sido desperdiciada."

Cuando llegaron a la cueva del derviche, el diablo dijo:

"Déjame entrar primero, así puedo matar al hombre y tú puedes entrar y llevarte la oveja."

"No", dijo el ladrón, "deja que entre primero y agarre a la oveja. Así podré advertirte si está despierto o no."

Comenzaron a discutir y luego a intercambiar golpes y finalmente a gritarse tan fuerte que el derviche salió a la entrada de la caverna para ver lo que estaba ocurriendo.

Al verlo, superado por el odio hacia el ladrón, el diablo gritó:

"¡Cuidado, derviche! Este es un ladrón, y te va a robar tu oveja."

El ladrón, furioso con el diablo y humillado por su imprudencia, exclamó:

"¡Este es un diablo y te va a matar!"

Mientras el derviche estaba allí de pie, todo el barrio – despertado por el estruendo – salió en masa de sus casas y rodearon a la pareja belicosa. Les dieron tal paliza que huyeron; y hace siglos que en esa localidad no se ve ni a un ladrón ni a un diablo.

* * *

No hay pez hambriento que se niegue a comer a otro.
Proverbio

Tres pueblos

Había una vez un sabio. Dividía su tiempo entre tres pueblos.

En el primer pueblo les enseñó a grupos de gente, uno a la vez. Les contó y mostró cosas, y les dio ejercicios para hacer.

Solía pasar mucho tiempo lejos de este pueblo. El resultado fue que los aldeanos se dividieron en grupos aun más pequeños. Algunos creían que regresaría, otros se sentían abandonados. Algunos inventaron su propia enseñanza, y otros hicieron uso de su nombre para influenciar a sus vecinos. Debido a su ausencia la determinación de muchos se debilitó.

Había un segundo pueblo. El sabio

solía pasar allí la mayor parte de su tiempo, y la gente venía a visitarlo y acudían regularmente a su sala de contemplación. Estas personas cantaban sus alabanzas y siempre parecían hacer lo que él les pedía, y creían estar en armonía con él y entre sí.

Un día el sabio fue a un tercer pueblo. Tomando algunos discípulos de allí, les mostró cada uno de los pueblos sucesivamente.

"El primer pueblo está en la condición en que lo vimos porque no le has prestado suficiente atención a su gente... deberías cuidarlos", dijeron los nuevos discípulos, creyendo que habían comprendido la situación.

"Mira qué bien se comporta la gente donde te quedas mucho más tiempo", siguieron diciendo.

El sabio les contestó:

"Al contrario. De vez en cuando hay que dejar a la gente sola, para que tú y ellos puedan ver lo que realmente valen. La olla se agita para mezclar: pero también para que se forme la escoria y el sedimento. Si pasas todo tu tiempo con la gente, ellos se acostumbran a ti y no tienen confianza en sí mismos durante tu ausencia… como el primer pueblo; mientras que en el segundo, su autoconfianza es invisible porque nunca se ha puesto a prueba."

"Entonces", preguntaron los observadores, "¿cuál es el mejor método?"

"Ninguno. Cada uno es una parte incompleta de un método total. Para producir enseñanza, debes hacer que se mezclen aquellos que son vistos frecuentemente con aquellos a quienes se los ve algunas veces. Y algunos de los que, como ustedes, son propensos a malinterpretar...también pueden ser incluidos."

*   *   *

Si quieres saber cómo es él... invierte lo que dicen sus oponentes.

Proverbio

El sutra de la negligencia

Es el deber de Khidr, el Guía Oculto, viajar por la tierra bajo disfraces diversos y en épocas diferentes para provocar en el humano un estado mental que le permita tener una oportunidad para volver a unir su ser disperso.

Había una vez tres hombres a los cuales Khidr tenía que poner a prueba.

El primero sufría una enfermedad terrible, y Khidr se dirigió a él. Le dijo:

"¿Qué quieres?"

El hombre dijo:

"Quiero aliviar este sufrimiento."

"¿Y qué más?"

"Quisiera dinero, para así poder

florecer en el mundo."

Khidr le otorgó ambos deseos.

Escuchó entonces las súplicas del segundo hombre. Se acercó a él y le dijo:

"¿Qué quieres?"

El segundo hombre dijo:

"Solamente quiero que mi amigo y consejero, que está siendo torturado, sea liberado pues está cerca de la muerte debido a sus enemigos."

"¿Y qué más quieres?"

"Quisiera tener propiedades, de modo que pueda ser respetado por los hombres."

Khidr le concedió ambos deseos.

Entonces Khidr se dirigió al tercer hombre, que quería algo muy intensamente.

"¿Qué quieres?", le preguntó.

"Quiero protección para mis

hijos, pues tienen miedo y están aterrorizados."

"¿Y qué otra cosa quieres?"

"Quiero ser importante para que los hombres me respeten y me faciliten la vida."

Khidr concedió estos deseos.

Sin embargo, algún tiempo después visitó de nuevo a los tres hombres para ver qué habían hecho de sus vidas y cómo las estaban viviendo. Al primero se le apareció disfrazado y dijo:

"Soy un pobre viajero y necesito ayuda, algo de dinero para alcanzar mi destino. El camino es largo y tú eres el único recurso que tengo."

"¿Acaso soy un banquero?", preguntó el primer hombre; pues se había olvidado de los días en que él mismo era un necesitado. "No puedo darte nada... a menos que puedas ayudarme. Porque en los últimos años, aunque tengo dinero, me he vuelto cojo de un pie."

"¿No me recuerdas?", preguntó Khidr.

"No", dijo el hombre, "no te recuerdo. ¡Vete!"

Entonces Khidr fue a ver al segundo hombre, que se encontraba en un estado floreciente.

"Soy un pobre viajero", le dijo, "y necesito tu ayuda, pues mucha gente depende de mí y debo alcanzar mi destino, para así poder ayudarlos con mi trabajo cuando llegue allí."

"Pero tú no eres miembro de mi comunidad", dijo el segundo hombre. "Y puedo ayudar solamente a los que se adhieren a mis leyes. ¿Por qué debería ayudarte?"

Entonces Khidr siguió su camino.

Llegó a la puerta del tercer hombre y dijo:

"Puede que me hayas olvidado. Un día te ayudé, cuando querías protección para tus hijos y también el respeto de los hombres, para que así pudieses florecer."

El hombre lo miró por un largo rato.

"No tengo recuerdos de semejante transacción", dijo, pues lo había olvidado; "pero te ayudaré, pues no creo que siempre tenga que dar algo como pago de una deuda o debido a la expectativa de alguna ganancia para mí."

Un teórico superficial y santurrón de la tradición Sufi que estaba allí se volvió en contra de Khidr y lo maltrató duramente:

"¡Este amigo mío es claramente un santo", dijo, "y sus palabras deberían avergonzarte por intentar manipular sus sentimientos!"

Remedio

Cierto derviche pasó muchos años perfeccionando un remedio para la enfermedad de un hombre que casualmente era rico. Tan excitado estaba por el éxito de la preparación, que partió para llevársela al paciente sin consultar a su mentor Sufi y ver si las circunstancias habían cambiado. En el camino, sin embargo, se encontró con otro hombre en el caravasar y le dijo la fórmula y los efectos maravillosos de su descubrimiento.

Apenas se durmió a la noche, el villano robó la medicina – sustituyéndola por un jugo azucarado de granada – y partió raudamente para curar al hombre enfermo, esperando obtener una recompensa.

El villano le dio un poco de la medicina al hombre rico, pero enseguida lo hizo empeorar; y el ladrón salió a escondidas, convencido de que el derviche estaba loco y que su remedio era inútil. Y así, incluso su conocimiento de la receta no tenía ningún valor para él. Hasta se sintió aliviado por no haber sido descubierto y de que los servidores del paciente no lo hubiesen apaleado por charlatán.

Cuando el derviche llegó al lecho del paciente y le dio el jugo de granada... el hombre se curó de un sorbo.

*   *   *

Si una gota cae, ¿por qué no dos?

Dicho

En el país de los tontos

Érase una vez un hombre errante que se alejó de su propia tierra y llegó al mundo conocido como el País de los Tontos.

Pronto vio a varias personas que huían aterrorizadas de un campo donde habían estado intentando cosechar trigo.

"Hay un monstruo en ese campo", le dijeron. Él miró y vio que era una sandía.

Se ofreció a matar al "monstruo" para ellos. Cuando hubo cortado la sandía de su tallo, tomó una rodaja y comenzó a comerla. La gente se sintió aún más aterrorizada por él de lo que habían estado por la sandía; lo ahuyentaron con horcas, exclamando:

"Nos matará a continuación, a menos que nos libremos de él."

Resulta que en otra ocasión, otro hombre también se extravió en el País de los Tontos y le comenzó a ocurrir lo mismo; pero en vez de ofrecer ayudarlos con el "monstruo", estuvo de acuerdo en que debía ser peligroso; y al alejarse con ellos sigilosamente de la sandía se ganó su confianza. Pasó largo tiempo con ellos, en sus casas, hasta que poco a poco pudo enseñarles los puntos básicos que les permitirían no solo perder su temor a las sandías, sino incluso cultivar la fruta ellos mismos.

* * *

Si está lo suficientemente oscuro, una vela es mucho.
Dicho

Cocinando el repollo

Un día, dos ladrones se encontraron en el País de los Tontos.

Como toda la gente de la misma profesión, comenzaron a jactarse de sus hazañas.

Uno de los ladrones dijo:

"¡Una vez robé un repollo tan grande como una casa!"

El otro dijo:

"¡Una vez robé una cacerola tan grande como un palacio!"

El primer ladrón dijo:

"¿Qué necesidad tendría alguien de una cosa así?"

El segundo ladrón respondió:

"¡Se necesitaba para cocinar tu repollo!"

* * *

El escorpión no parece gran cosa... ¡entre picaduras!
Dicho

La rama

Érase una vez, en el País de los Tontos, un forastero que descubrió que la rama de un árbol se había roto y que estaba a punto de destruir un dique lleno de agua.

Agarró la rama y la sostuvo. Poco después, un grupo de habitantes del País de los Tontos se acercaron caminando.

Dijeron:

"¿Qué estás haciendo con esa rama?"

El respondió:

"¡Qué suerte que hayan llegado! Ayúdenme a levantar esta rama, pues de otro modo el dique se romperá y todos moriremos."

Rieron sin parar. Finalmente el más sabio entre ellos dijo:

"¡Queridos amigos! Este es un momento delicioso: saboréenlo. Este hombre no solamente imagina, al hablar acerca de una rama, que somos los suficientemente estúpidos como para pensar que tiene alguna relevancia para el dique... ¡sino que imagina que al relacionarla con un antiguo temor nuestro nos hará obedecerle!"

Y así, entre arrebatos de risa, la gente del País de los Tontos siguió su camino.

El final del cuento es exactamente el que crees que es.

* * *

> Si ves a un escritor que tiene su propia pluma: no es un escritor.
>
> *Dicho*

La fruta

Se les comunicó a los Más Grandes Sabios del País de los Tontos que los árboles estaban en plena producción, y entonces salieron a recolectar la fruta.

En efecto, los árboles estaban colmados de fruto; sus ramas vencidas casi hasta el suelo.

Cuando los Más Grandes Sabios llegaron hasta los árboles, comenzaron a discutir qué especie de fruta recolectarían primero. Dado que no podían llegar a ningún acuerdo acerca de esto, intentaron otro tema; descubrieron entonces que no había unanimidad acerca de si debían arrancar la fruta con su mano derecha o con la izquierda.

Después hubo otro problema de igual dificultad; y otro, hasta que se dieron cuenta de que debían retirarse a un lugar más apropiado para discutir exhaustivamente sobre dichos temas.

Finalmente, tras la plena participación de las instituciones eruditas, todo se resolvió. Los Más Grandes Sabios se encontraron de nuevo bajo los árboles; pero para entonces ya era invierno. La fruta había caído y yacía en el suelo pudriéndose.

"Qué lástima que estos árboles sean tan traicioneros", exclamaron los Más Grandes Sabios. "Esas ramas no tenían derecho a enderezarse nuevamente de esa manera. Pero no importa: al menos podemos ver que, de cualquier modo, la fruta estaba podrida."

* * *

Incluso una taza de té, si la bebes, te obligará a "responderle".

Dicho

La Palabra Mágica

Los Tres Hombres Más Sabios del País de los Tontos, por un golpe de suerte, se toparon con Khidr, quien recorría la Tierra tratando de impartir sabiduría.

"¿Les gustaría conocer la Palabra mediante la cual todo se puede lograr?", les preguntó.

"Sí, desde luego", dijeron los Tres Hombres Sabios.

Khidr dijo:

"¿Están preparados para escucharla?"

"Sí, por supuesto", respondieron.

Entonces Khidr les dijo la Palabra.

El Primer Hombre Sabio dijo:

"Pero esta es una palabra que cualquiera puede pronunciar... esto no puede ser de ninguna utilidad." Así que la olvidó rápidamente.

El Segundo Hombre Sabio dijo:

"Esta palabra es muy poco elegante para mí", y descubrió que no podía recordarla.

El Tercer Hombre Sabio dijo:

"Puede ser escrita... entonces no puede ser de ninguna utilidad. No suena como lo que esperaba... así que no es el *tipo* adecuado de Palabra Mágica."

Entonces todos ellos se dieron cuenta de que una delegación de ciudadanos ordinarios del País de los Tontos estaba esperando para escuchar algo de su sabiduría, de modo que partieron raudamente para cumplir con sus obligaciones.

Cómo demostrarlo

Dos habitantes del País de los Tontos estaban hablando.

El primero dijo:

"No soy idiota, ¡puedo multiplicar números!"

El segundo dijo:

"¡No lo creo!"

"Te apuesto esta moneda de plata a que puedo", dijo el primero.

"Adelante entonces, te escucho", dijo el segundo.

"Aquí va", dijo el primero. "¡Dos más dos son noventa y nueve!"

"Muy bien, ¡aquí tienes tu dinero!"

*   *   *

La gente hace un sombrero de un par de zapatos, y entonces se sorprenden cuando les preguntas por qué no caminan con sus cabezas.

Dicho

Anhelando

Un hombre le dijo al sabio Humayuni:

"En mis primeros años solía anhelar un maestro y enseñanza; pero nunca encontré a ninguno que me satisficiese plenamente, y ahora ya no siento tal necesidad."

Humayuni dijo:

"Si hubieses buscado a un maestro y una enseñanza, satisfecho con lo encontrado, habrías sido un Buscador. De hecho, en aquel entonces no se te podía enseñar mientras solamente buscaras el cumplimiento de un anhelo. Puede que el sediento sea incapaz de reconocer el agua si la sed excesiva lo ha enloquecido.

"El modo de encontrar agua no

siempre es incrementar tu sed. Depende del grado y la naturaleza de la sed en el momento adecuado."

*   *   *

Un camello es caro por dos monedas si no tienes dos monedas.

Proverbio

Hombre y Sufi

Se narra que una vez alguien le dijo al Mulá Jami:

"No te comportas como un gran poeta y Sufi; ¿cómo sabemos que eres genuino?"

Él respondió:

"*Tú*, por otra parte, te comportas casi exactamente como un ser humano... ¡así es como sabemos que aún no eres uno!"

*   *   *

El gato puede hacer lo que el tigre no.

Proverbio

El libro

UN JOVEN ESTABA a punto de casarse, y su futuro suegro era un clérigo insoportablemente piadoso y de mentalidad literal.

El muchacho se dirigió a su mentor Sufi y le preguntó de qué modo el viejo podía ser dirigido hacia el Sendero de la Comprensión.

"Él será dirigido", dijo el sabio.

"Pero, ¿de qué modo?"

"La pregunta ha sido formulada, la respuesta se desarrollará, la pregunta no es válida", dijo el Sufi.

"Entonces, ¿cómo debería actuar con mi suegro, si esta es una pregunta legítima?", dijo el novio.

"Aguántalo."

Cuando llegó el día de la boda, y la pareja se mudó a su nueva casa, el clérigo los siguió llevando sobre su espalda una gran caja revestida de cuero; en la tapa estaba escrito: "El Recital Sagrado".

Los recién casados pusieron la caja en una repisa y allí la dejaron.

Algunos meses más tarde las cosas iban mal para el joven: había perdido su empleo, su pequeño capital pronto se agotó y pensó en abordar a su acaudalado suegro para pedirle que lo ayudase a establecer un pequeño negocio y afrontar sus crecientes deudas.

"Aborda a tu suegro a toda costa", le aconsejó el sabio Sufi.

El joven le escribió una carta al padre de su esposa describiendo su situación; y el viejo llegó rápidamente, trayendo consigo al juez local y a un par de eruditos.

Cuando todos estuvieron reunidos en el salón, el viejo balbuceó:

"Has llegado a esta situación por tu flagrante desconsideración para con la *Sharia*, La Ley Sagrada." Diciendo esto, señaló el estuche del Corán y pidió que fuese bajado y abierto.

"Pero, ¿por qué dices que no respetamos la Ley?", preguntó el joven.

"No lees las escrituras", dijo el clérigo. Como era de esperar, al abrirse el estuche se descubrió que estaba lleno de monedas de oro.

Entonces el joven dijo:

"Pero, ¿acaso no se ha dicho que 'el Conocimiento es mejor que la lectura'?"

Y explicó que sabía el Corán de memoria.

El juez dijo:

"Me trajiste aquí para que dictaminase si esta joven pareja era piadosa o no. Realmente no puedo decir que haya algo malo con tu yerno."

"Eso es cierto", dijo el anciano, "y me arrepiento sinceramente pues este joven, refrenándose modestamente en el pasado de hacer cualquier ostentación de su erudición, me ha mostrado que es mejor erudito que yo, tanto en conducta como en conocimiento. Reconozco mi derrota, y de ahora en adelante me esforzaré por aprender el Corán de memoria."

Los dos eruditos exclamaron:

"¡Cuán excelente es su humildad, y qué admirable su resolución de perfeccionar su erudición!"

"Pero", dijo el juez, "también se ha dicho que 'la humildad pública cesa de serlo cuando se convierte en objeto de exhibición dramática'."

"Pero, ¿hay algo mejor que seguir el ejemplo de alguien que no solo lee el Corán, sino que se ha tomado la molestia de aprenderlo de memoria?", preguntó el anciano.

"Dado que el drama en público es destructivo para un logro verdadero, te lo diré en privado", dijo el juez.

Y lo que le dijo al académico hizo que este exclamara:

"Esto me ha salvado de convertirme en alguien instruido mediante libros. De ahora en adelante seguiré el sendero de los Sufis, la gente de la práctica y el ser."

Y se convirtió en un Sufi cuya vida iluminó, y aún influye, los pensamientos y acciones de la Gente del Camino.

Lo que el juez le dijo fue:

"Tú y tus compañeros intelectuales

leen el Corán. El joven lo sabe de memoria. Pero tu hija, su esposa: ella piensa y vive según él, aunque no pueda ni leer ni escribir, ni debatir ni recitar."

*   *   *

Nadie viene al hogar de un derviche pidiendo impuestos sobre la tierra o propiedad.
Saadi

La condición derviche

Abul Hasan insistió:

"El pensar acerca de los asuntos de este mundo no tiene nada que ver con el sendero derviche.

"El pensar acerca del siguiente mundo no tiene nada que ver con el sendero derviche.

"Están relacionados entre sí como el ayer al mañana.

"El hoy – algo similar pero que tiene su propia individualidad –... ese es el sendero derviche."

*   *   *

Un problema resuelto es tan útil para la mente humana como una espada rota en un campo de batalla.

Proverbio

La sala de reflexión en Doshambe

Así fueron alicatadas las paredes de la sala de reflexión de Doshambe:

Hamid Parsa pidió a sus discípulos, algunos de ellos artesanos del azulejo, que preparasen la sala (Dar el Fikr) para ser alicatada.

Comenzaron el trabajo, y luego fue demorado por una serie de obstáculos.

De vez en cuando Hamid Parsa hacía averiguaciones, y al final el maestro artesano dijo:

"Oh Explorador del Sendero (Rahnuma), no tenemos suficientes hombres y no hemos tenido éxito en alicatar las paredes; y pensamos que sería mejor decir esto ahora dado que ha transcurrido tanto tiempo, y probablemente quieras efectuar otras disposiciones de modo que la sala sea terminada para cualquier uso que desees."

Hamid Parsa respondió:

"Muy bien. Dejen este trabajo y me encargaré de que se complete."

Los artesanos fueron asignados a otras tareas. Dos años después, Hamid Parsa los convocó y les mostró que las paredes estaban impecablemente alicatadas con azulejos virtuosamente esmaltados y de una belleza asombrosa.

Tras la muerte de Hamid, se descubrió que sus frecuentes ausencias de la Tekkia se debían a que había pasado su tiempo en una fábrica de azulejos, donde él mismo había elaborado los azulejos necesarios. Luego los había colocado en las paredes, sin mencionárselo a nadie excepto a ciertos asistentes a quienes había pedido que no dijesen nada acerca del asunto.

Se le preguntó a su sucesor, Miran Jan:

"¿Por qué el 'Explorador del Sendero' no nos dijo que él mismo había hecho este trabajo?"

Miran respondió:

"La explicación que me dio es que si se los hubiese dicho, se habrían sentido reprendidos; y que no se hallaban en una situación en la cual las reprimendas fuesen útiles; o, como dijo: 'En su pereza, disfrazada como verdadera admiración, me habrían considerado como algún tipo de maravilla. Su problema es la pereza; mi necesidad era el alicatado. Entonces trabajé en el alicatado y les di trabajo que hacer para que mejorasen su condición perezosa.'"

*   *   *

Hay un tipo de humano peor que uno jactancioso: el quejumbroso.

Proverbio

Aprendiendo de los inmaduros

Un hombre se presentó ante Khwaja Ahrar ("El Maestro de los Libres") y le hizo una pregunta.

Cuando el Khwaja le hubo respondido, pidió permiso para irse e inmediatamente abandonó la asamblea.

Ahrar dijo:

"Fue prudente en hacer la pregunta."

Allama Sadrudin comentó:

"¿Sabía él por qué la preguntó?"

"Él no lo sabía, pero una parte de él sí lo sabía."

El Sheikh Mustafa Najur dijo:

"También fue lo suficientemente sabio como para irse apenas tuvo la información requerida."

Ahrar respondió:

"Sin embargo esa era otra parte de él. Estaba pensando que debía partir con tiempo para las oraciones congregacionales en la Gran Mezquita."

Haidar Gul preguntó:

"¿Puede un hombre entonces ser sabio interiormente, en alguna parte de sí mismo, cuando generalmente está bajo la impresión de que es inmaduro?"

"Si no fuese así, ningún humano podría alcanzar plenamente la sabiduría", respondió el Maestro Ahrar.

Celeridad y respeto

Musa Farawani dijo:

"Serví al Sharif Abdalmalik durante veinte años, y todo lo que obtuve de él fue indiferencia; pero perseveré con la esperanza de comprender por qué me prestaba tan poca atención, mas nunca he sido capaz de resolver este misterio."

Daud, hijo de Zulfi, respondió:

"¿Lo serviste con la misma celeridad que habrías mostrado si él hubiese sido el rey?"

"Supongo que no."

"¿Lo serviste tan fielmente como uno se entrega a la creación de un objeto complicado, tal como lo hace el artesano?"

"Supongo que no."

"¿Lo serviste con la celeridad que habrías mostrado si él hubiese sido un alto oficial o un comandante militar, y tú un insignificante suboficial o un mero soldado?"

"Supongo que no."

"Entonces él estaba esperando a que manifestases aquellas formas de servicio. El Sharif, estando él mismo al servicio de algo de lo más elevado, no podía aceptar ningún servicio inferior al que es manifestado en asuntos menores.

"Denominas 'misterio' a algo cuando no lo ves. Llamas servicio a algo que no lo es en absoluto. Aún no has comenzado a servir, por lo tanto no puedes preguntar porqué tu 'servicio' inexistente no ha sido aceptado."

Los lisiados

Algunas personas estaban gritando un día en la plaza pública:

"¡Abajo el trono!"

Fueron enfrentados por un grupo de guardias reales que intentaban apalearlos y hacerlos prisioneros.

El Sufi Zafrandoz, acompañado por algunos estudiantes, estaba observando la escena.

"¿A qué grupo deberíamos ayudar?", preguntó un estudiante.

"¡A los lisiados!", exclamó Zafrandoz.

"¿Cuáles son los lisiados?"

"Ambos. Un grupo es incapaz de dejar de oponerse a la autoridad; el otro es incapaz de dejar de oponerse al primero.

"Las personas discapacitadas de tal modo están en las garras de una ineptitud que les estorba. Están lisiados en pensamiento del mismo modo que un hombre cojo está lisiado corporalmente. Entonces, ¿por qué solamente sentimos lástima por, y tratamos de ayudar a, los que están físicamente incapacitados... que son una gran minoría?"

Nombres

Se le preguntó a Anwar de Nishapur:

"Dinos a qué tipo de Sufi deberíamos evitar."

Él respondió:

"No pueden evitar a ningún Sufi verdadero. Pero si quieren evitar a personas, eviten entonces a aquellos que usan para sí mismos títulos como 'murshid' (guía), y que no permiten que otros se dirijan a ellos de este modo."

*   *   *

> Hay gente con pelo teñido que teme que les pueda afectar al cerebro; pero a menudo tales personas no tienen cerebro.
> *Proverbio*

Repetición

Un hombre estúpido se acercó a Abdullah Manazil y le hizo una pregunta. Manazil respondió, y al final de la disertación el hombre dijo:

"Por favor, dilo de nuevo."

Manazil respondió:

"Me hiciste una pregunta y fui lo suficientemente imprudente como para esperar que comprenderías la respuesta; ahora me has pedido que repita mi error."

*   *   *

Vi a un hombre ahogándose en el río Jihun – creo que era de Samarcanda – mientras lloraba y gritaba: "¡Ay, mi gorro y mi turbante!"

Saadi

Ladrillos y paredes

Preguntaron a Minai:

"¿Qué deberíamos pensar del trabajo de los maestros del pasado? Leemos sus libros y los relatos de sus dichos y hechos registrados para nosotros. Hacemos sus ejercicios y visitamos sus tumbas y lugares de enseñanza. Algunos dicen: 'No visiten santuarios'; otros: 'No lean libros'."

Minai respondió:

"Esta situación es análoga a un fuerte muro construido en el pasado. Los viejos maestros son los albañiles originales y los maestros actuales son los albañiles activos. Los discípulos son como el pueblo, para cuya protección trabajaron los albañiles.

"Los albañiles levantaron muros, podríamos decir, para definir ciertos límites. En algunos casos esos límites aún están allí; en otros, han cambiado. Los albañiles actuales fijan nuevamente los límites. Del mismo modo, anteriormente los muros fueron construidos para la protección de la gente. Puede que los vientos y los climas hayan cambiado, o que la gente haya cambiado. Miran el muro y se preguntan cómo puede protegerlos; pero ahora este viejo muro no lo hará.

"Por lo tanto, los albañiles actuales toman los ladrillos y hacen muros adecuados para la gente de la época. Los libros son ladrillos. Algunos albañiles te piden que leas ciertos libros: esta es su instrucción, pues te pueden mostrar qué muro construir. Algunos dicen: 'No lean libros', porque quieren decir: 'Este no es el muro que tenemos que construir'; o incluso: 'No hemos llegado a la etapa de construir un muro.'"

El pozo y el hilo

A CIERTO GRAN Sufi se le preguntó acerca de la función y estatus de algunos de sus predecesores.

Dijo:

"Puede que para erigir un pequeño edificio primero tengas que excavar un gran pozo.

"Puede que para hacer una alfombra grande tengas que comenzar con un solo hilo.

"Cuando puedas ver el edificio o la alfombra, tu pregunta será contestada.

"Pero cuando tu pregunta es acerca del pozo en el suelo y el hilo en la mano, solamente se te puede responder con esta parábola."

*   *   *

Es *mi* mano y es *mi* boca.
                    Proverbio

La ardilla

Maulana Bahaudin caminaba por una orilla herbosa acompañado por Alaudin de Nishapur.

Alaudin le dijo:

"Deseo saber porqué es que le has quitado a la gente el disfrute de tantos hábitos en el Sufismo. Puede que tengas razón, y seré el primero en reconocer que seguramente sea así, al decir que tales prácticas son triviales; pero dejas a las personas sin nada si no permites que su compañerismo se convierta en una fuente de alegría para ellos."

Bahaudin dijo:

"Hay una escena desarrollándose delante de nosotros. Obsérvala y tendrás tu respuesta, si puedes comprenderla, estimado defensor de placeres legítimos."

Varios niños estaban jugando frente a ellos. Se lanzaban, de mano en mano, una ardilla que habían capturado y cuyos pies habían atado. Mientras corrían de aquí para allá, reían desaforadamente con rostros de excitación y placer.

Al ratito un joven de más edad, viendo lo que estaban haciendo, corrió hacia ellos desde el camino. Tomó el animal y quitó la cuerda de sus garras y lo dejó ir. Ahora los participantes del juego de la ardilla estaban furiosos y le gritaron todo tipo de insultos al joven.

Alaudin dijo:

"Si no hubiese sido por esta demostración, estoy seguro de que nunca me habría dado cuenta de la situación y los peligros ocultos en lo que suponemos que son placeres legítimos. Pero a partir de entonces, a lo largo de mi vida, he descubierto a menudo que lo que parece deseable está siendo hecho a expensas de algo más; y que lo que complace a la gente, incluso a personas 'sinceras', puede descubrirse que está alimentando el apetito de un vicio insospechado."

* * *

Si quieres saber quién es el más valiente entre los cobardes: es el primero que se atreve a darle una patada a un león abatido.

Dicho

Comportamiento

SE LE PREGUNTÓ a Arif de Damasco:

"¿Cuántos modos hay de comportarse con los visitantes?"

Él dijo:

"Dos. El primero es el comportamiento que hace que las personas quieran quedarse contigo. El segundo es el comportamiento que hace que quieran alejarse. Para la gente no existe otro comportamiento más que aquel que transmite amistad u hostilidad... excepto para quienes no lo necesitan."

*   *   *

BARRO

El falso estudiante es aquel cuyos ojos están fijos en el cielo porque sus pies están clavados en el barro.

                          Dicho

Bahaudin Naqshband dijo:

A LA GENTE, muchas cosas le resultan invisibles debido a lo inesperado del lugar donde efectivamente están. ¿Quién esperaría que la seda proviniese de los gusanos?

La gente imagina que, dado que han captado este punto, pueden ejercitar la expectativa; pero puede que la expectativa oculte la visibilidad de algo al obsesionar al observador.

Lo inesperado es una forma de expectativa: "No esperaba eso" significa "estaba esperando otra cosa."

La expectativa por sí sola es inútil: quien la tenga deberá estar informado.

* * *

Lo que el hombre superior conoce como tiranía puede parecer justicia para el hombre ordinario.

Proverbio

Genealogía

U̇n aristócrata arrogante cayó a un pozo y quedó colgado a centímetros del agua, rezando y pidiendo ayuda a los gritos.

Al rato otro hombre pasó por allí y dijo:

"Toma mi mano y te sacaré."

"Un momento", dijo el hombre atrapado, volviendo a sus hábitos, "primero debo conocer tu nombre."

"Mi nombre, si es de alguna importancia, es Omar, hijo de Zaid, de la tribu de Hashim."

"Por supuesto que es importante", dijo el noble, tomando su mano, "pero debo saber si desciendes de Ali Reza o Musa Kazim."

"Bien, si no hay más remedio, iré a averiguarlo", dijo Omar. Soltó su mano y volvió a casa a consultar su genealogía.

Al regresar, el otro hombre se había ahogado.

Uno de los nuestros

Un teólogo se encontró a la entrada de los Jardines del Paraíso. Tenía un aspecto piadoso, y el ángel guardián le hizo una o dos preguntas rutinarias y luego le dijo:

"Pasa, amigo, entra al Jardín."

"No tan rápido, hijo mío", dijo el clérigo. "Soy un renombrado creyente, impecable en mi fe y célebre por mi intelecto, acostumbrado a decidir por mí mismo y no a que la gente decida por mí. ¿Cómo puedes probar que este *es* el Paraíso, y no una trampa y un engaño? Piensa cuidadosamente antes de responder."

El ángel tocó una campana y aparecieron unos ángeles guardianes.

"Háganme el favor, llévenlo dentro. Definitivamente es uno de los nuestros."

*   *   *

Aprendan cuánto conocimiento se necesita antes de que podamos ver cuán ignorantes somos.

      Proverbio

Tres razones

Érase una vez un poderoso conquistador que se había convertido en emperador de un vasto territorio poblado por representantes de varias creencias.

Sus consejeros dijeron:

"Gran rey, una delegación de pensadores y sacerdotes de cada creencia está esperando audiencia; cada uno desea convertirte al modo de pensar de su escuela. Estamos en un dilema, porque no podemos aconsejarle que acepte la ideología de un grupo, dado que enajenaría la buena voluntad de todo el resto."

El rey, por su parte, dijo:

"Tampoco es acertado que un rey

adopte creencias por razones políticas y sin ninguna consideración para con su propia dignidad superior y bienestar."

Las deliberaciones continuaron durante varias horas hasta que un derviche sabio, que se había unido al séquito real muchos meses atrás y que desde entonces había permanecido en silencio, dio un paso adelante.

"Majestad", dijo, "estoy preparado para aconsejar una alternativa mediante la cual se respetarán los intereses de todas las partes. Los demandantes estarán avergonzados, se aliviará la ansiedad de los cortesanos por encontrar una solución, el rey mantendrá su reputación de sabiduría y nadie podrá decir que tiene una gran influencia sobre los pensamientos del rey."

El derviche susurró su fórmula

al oído real, y el rey ordenó que la delegación ingresase al salón del trono.

Recibiendo a los clérigos y pensadores con total cortesía, el rey les dijo:

"Primero escucharé los argumentos de aquellos entre ustedes que no digan: 'Cree o estarás en peligro', o 'Cree porque te dará felicidad', o 'Adopta mis creencias porque eres un gran rey.'"

Los demandantes se dispersaron confundidos.

Exilio

SE LE ORDENÓ a Imadudin Shirazi que abandonase Persia por sostener que ciertos antiguos poetas clásicos eran Sufis, algo incompatible con las creencias de los eruditos que habían influenciado al Shah.

Él le envió una carta al rey:

"La orden de Su Majestad es aceptada con suma obediencia. Esta persona insignificante abandonará el dominio imperial para siempre. Para mí es un gran honor ser tomado en cuenta, incluso por alguien cuyo poder es más grande que el de Dios."

El Shah lo llamó para que explicase su herejía.

"El Shah puede expulsarme de su

dominio, al exilio", dijo Shirazi, "pero Dios, soberano del Universo, no puede desterrar a un hombre más allá de su propia jurisdicción. Cualquiera que pueda desterrar a las personas tiene poderes que exceden a los de Dios."

*   *   *

¿Desde cuándo un tigre caza ratones?

Proverbio

La medicina

En su lecho de muerte, un maestro Sufi le dio un manojo de papeles a su discípulo y dijo:

"Toma estos. Algunos tienen algo escrito y otros no. Los que están en blanco son tan valiosos como aquellos que no lo están."

El discípulo tomó los papeles y estudió los que tenían algo escrito; a los otros los conservó con igual cuidado, esperando hasta que su valor pudiese comprobarse.

Un día yacía en un caravasar, enfermo y temblando por la fiebre, y llamaron a un doctor pues parecía a punto de morir.

El doctor dijo:

"No tenemos tiempo que perder. Encuentren un pedazo de papel, de buena calidad, sobre el cual pueda dibujar un talismán para el alivio de su mal."

Los allí presentes miraron a su alrededor. Buscando en la mochila del viajero encontraron algunas hojas en blanco en el manojo de escritos del maestro Sufi.

El médico arrancó una hoja y en ella dibujó una extraña figura.

"Remojen esto en agua. Cuando la tinta se haya disuelto, dénselo al paciente y en tres horas se habrá recuperado", dijo el doctor.

Hicieron lo que les había indicado, y pronto el discípulo estuvo curado. El efecto se debió a un medicamento que el sabio había untado sobre la página en blanco sin que nadie lo supiese.

Cuando el discípulo llegó a la morada de un derviche venerable, y le contó sus experiencias y deseó conocer el significado de las páginas en blanco, el derviche dijo:

"¡Oh joven de grandes posibilidades! Fuiste curado mediante la virtud en la página, no por el talismán."

"Pero", dijo el discípulo, "¿por qué no descubrí el secreto de las páginas en blanco?"

"Cuando estás salvando una vida", dijo el derviche, "lo importante es el salvataje de la vida. La charla viene más tarde."

El discípulo volvió sobre sus pasos y buscó al doctor que lo había tratado; el galeno se había mudado a un país lejano, y fue solo después de muchas vicisitudes que lo encontró. Le preguntó:

"¿Cuáles fueron las circunstancias que te llevaron a que decidieses inscribir un talismán en un papel para mí aquel día en el caravasar?"

El doctor dijo:

"Cuando yo era alumno de un gran derviche que siempre ocultaba sus milagros, él me dijo: 'Un día serás llamado para atender a un hombre que yace enfermo en un caravasar. Si tiene tal y tal tipo de fiebre, pide papel en blanco y escribe un diagrama en él. Entonces haz que trague el agua en la cual se ha sumergido el diagrama. Su fiebre bajará en tres horas.'"

El discípulo preguntó:

"¿Se te dio alguna instrucción con respecto a qué hacer si no había papel?"

El médico respondió:

"Mi maestro dijo, cuando le pregunté eso: 'Si no hay papel, se tratará de un hombre que ha sido descuidado con su deber, alguien que hace caso omiso a las órdenes de los sabios. Él habrá ocasionado su propia muerte. Si en ese momento allí no hay papel, el paciente morirá.'"

La respuesta de Ansari

Un día que Bahaudin Naqshband estaba sentado en su sala de recepción, un insolente aristócrata que viajaba al servicio de cierto sultán exigió que lo dejaran entrar.

"Déjenlo pasar", dijo Bahaudin

El enviado, tras intercambiar saludos generales con el Maulana, dijo:

"Una de las razones por las cuales me he desviado para verte es para hacerte una pregunta muy directa. Es esta: ¿Cuál *es* exactamente tu situación y posición en la vida? Yo, por ejemplo, me puedo describir como un emir y viajo al servicio de un emperador.

"Otros son grandes señores,

mercaderes, eruditos y demás. Todo el mundo tiene una denominación en cualquier país civilizado. ¿Cuáles son tus pretensiones y cómo debemos llamarte? La gente te llama Rey (*Shah*) y Señor, y también Maestro. Pero cualquier persona mínimamente instruida con tres niños frente a él es un maestro, y hay reyes sin ningún poder más allá de su nombre."

Mirza Ansari dijo:

"Maulana, ¿se me permite responder a esta pregunta?"

El Maulana respondió:

"Si el príncipe acepta tu respuesta como fidedigna..."

El príncipe dijo:

"Sí, ya que por lo general uno no suele preguntar nada directamente cuando la información sobre el asunto puede obtenerse a través de un subordinado informado."

Mirza Ansari comentó:

"Nuestro Señor (Maulana) es un hombre visitado por reyes; los príncipes piden su consejo; los aristócratas y eruditos buscan lo que él tiene para decirles y mostrarles; mercaderes y nobles, comandantes e incluso sultanes firman 'Su Sirviente' cuando se dirigen a él. Así que su rango no es inferior al de tales personas. No puede ser menos que un sultán, tanto si posee tierras como si no. No se lo describe como alguien más elevado porque no hay nadie superior para otorgarle ese rango. Mi impresión es que, al visitarlo, no te has degradado. Pero tendrás que preguntarle a alguien superior a un emperador en lo referido a cuál es su rango, si tenemos que interpretarlo incluso en términos de este mundo."

Maulana Bahaudin dijo:

"¿No sería mejor, por lo tanto, retirar la pregunta ya que parece resistir cualquier respuesta?"

Un par de consejos

Érase una vez un rey que había estado intentando tratar a sus súbditos con una iluminada amabilidad y un mínimo de control.

La gente mostraba signos de desafección, y en vez de expresar cooperación y respeto por la administración se volvieron quejosos y turbulentos.

Estando un día de pie en la muralla de uno de sus castillos, y acosado por estas preocupaciones, el rey vio a un derviche errante con un manto emparchado sentado en el suelo al pie de la muralla.

El rey pensó:

"Estos derviches tienen la reputación

de conocer todos los secretos: no habrá daño alguno en buscar su consejo."

Describió su problema al derviche y dijo:

"Quiero un consejo sobre este asunto."

El derviche dijo:

"Te daré no solamente uno, sino dos consejos."

"Gracias", dijo el rey, "pero todo lo que necesito es un pequeño consejo."

"En ese caso", dijo el derviche, "te diría: si tienes que gobernar, pues gobierna."

Entonces el rey incrementó el poder de su control sobre el pueblo, y los trató con tal severidad que se sublevaron. Muy pronto fue forzado a huir, y a duras penas escapó con vida disfrazado con un manto derviche.

Llegó a un bosque donde, deteniéndose para lavar su rostro en un arroyo, vio al derviche que lo había aconsejado sentado en contemplación. El rey dijo:

"¡Esto es lo que me ha traído tu consejo!"

"¿Te gustaría oír el segundo consejo?", preguntó el derviche.

"No puedo perder nada más, así que será mejor que lo escuche", dijo el rey.

"El segundo consejo", dijo el derviche, "es: nunca pidas consejo, ni actúes según él, sin haber establecido que el dador del consejo es una persona calificada."

Los regalos

Tres peregrinos le trajeron ofrendas a un maestro Sufí.

El primero presentó un frasco de un perfume valioso, el segundo un pañuelo en el cual se habían atado varias monedas de oro, el tercero algunas especias singulares que valían su peso en plata.

El Sufí puso un poco de perfume sobre las palmas de sus manos, regaló el dinero a un transeúnte y devolvió las especias al hombre que las había traído.

Algunas de las personas que iban asiduamente a observar el proceder del Sheikh discutieron entre sí el significado de estas acciones.

Determinaron que el regalo del perfume fue aceptado y que esto era una muestra de favor hacia el donante, un reconocimiento de sus logros espirituales, actuales o futuros; que el deshacerse del oro significaba que el sabio estaba mostrando su indiferencia para con las cosas materiales; que la devolución de las especias indicaba un desaire hacia el hombre que las había ofrecido.

Pasaron muchos años hasta que la audiencia aprendió, ya que no eran Sufis iniciados, el mensaje real detrás de las acciones del Sufi.

La explicación, dada por un maestro enseñante, fue esta:

"El Sheikh usó el perfume para complacer al dador, pues este hombre aún estaba en la etapa en la que necesitaba el apoyo de la recompensa mundana. Regaló el oro para enseñarle al donante algo que le faltaba: verdadera generosidad. Devolvió las especias para hacer comprender al donante que la posesión de especias costosas no significaba nada: lo que importaba era el esfuerzo puesto en adquirirlas; y fue este el esfuerzo que ya había transformado al peregrino y lo había hecho digno de usar las especias de un modo diferente."

¡Qué lejos está por lo general el hombre de ser capaz de interpretar el significado de los acontecimientos! Es solo en el círculo de los elegidos que estas cosas son comprendidas.

*   *   *

> Si eres un hombre demasiado superior para usar un trozo de cordel, no te sorprendas si

una soga es demasiado grande
para hacer el trabajo.
                    Proverbio

El zorro que fue hecho Sufi

Un zorro estaba saqueando todas las granjas de cierto país y llevándose las gallinas. Los aldeanos llamaron a un Sufi de gran reputación y le pidieron que los ayudase a atraparlo.

El Sufi sacó un amuleto y lo colocó en cierto lugar; y muy pronto se descubrió que el zorro estaba inexorablemente arraigado al lugar.

Cuando los aldeanos vieron esto estaban encantados. Pero mientras se le acercaban, el Sufi retiró el poder del amuleto y anudó algo en un collar alrededor del cuello del zorro. Luego, en vez de entregárselo a la gente para que lo matasen, lo dejó suelto.

Los alborotados aldeanos exclamaron:

"¿Qué estás haciendo? ¡Ahora el zorro comenzará a robar de nuevo!"

"No", dijo el Sufi, "he puesto el Símbolo de la Vía alrededor de su cuello, y los Sufis no son ladrones; de modo que no robará de nuevo sino que limitará su atención a las criaturas salvajes."

"Pero podrías haberlo matado con la misma facilidad", dijo la gente.

"Ah", dijo el Sufi, "yo necesitaba que tuviese un pequeño castigo, para que así pueda reformarse tanto en pensamiento como en acción."

"Pero, ¿cómo puede ser un castigo darle la marca del Sufi?"

"¿No lo saben? Bueno... ahora, siempre que alguien lo vea, será arrojado de las guaridas de los hombres, diciéndole: 'Eres irracional y un enemigo de los eruditos. Y los eruditos son, por supuesto, los más sabios de la humanidad.'"

Cuando un hombre viene a verte

Bahaudin Naqshband dijo:

"Cuando un hombre viene a verte, recuerda que su comportamiento y sus palabras son una mezcla. Él no ha venido a comprar, a vender, a convencerte, a dar u obtener consuelo, a comprender o a hacerte comprender. Casi invariablemente ha venido a hacer o intentar hacer todas estas cosas y muchas más.

"Como a las pieles de una cebolla, las pelará revelando una profundidad tras otra. Finalmente descubrirás, por lo que diga, qué es lo que está percibiendo de ti internamente.

"Cuando llegue este momento,

ignorarás por completo la aparente sustancia e importancia de sus palabras o acciones, porque estarás percibiendo la realidad más allá.

"Ten bien en cuenta que el otro individuo, mientras hace esto, es casi siempre totalmente inconsciente de que está hablando el lenguaje 'del corazón' (comunicación directa). Acaso imagine que haya una razón erudita, cultural o de otro tipo, para su comportamiento.

"Esta es la forma en la cual el Sufi lee las mentes que no pueden leerse a sí mismas. Además, el Sufi sabe cuán competente es la otra persona para la comprensión real, cuánto sabe realmente – ignorando lo que cree saber – y cuánto puede progresar de verdad.

"Este es uno de los propósitos

principales de SOHBAT (compañía humana)."

Notas

Estas notas son de asuntos variados: a veces son ampliaciones del tema o referencias a libros o a bibliografías; algunas historias – aunque no muchas – no tienen comentarios; bien porque son obvias o, a la manera Sufi, porque son entidades en sí mismas con las cuales no se debería interferir.

LA EXPLORACIÓN DÉRMICA

Aunque todos los Sufis están de acuerdo en que el Sufismo es una unidad, los eruditos parecen casi competir unos con otros para encontrar "aquello a partir de lo cual debe de haberse desarrollado". Las siguientes son algunas de las "fuentes" e identificaciones reivindicadas por unos pocos especialistas que solo han logrado mostrar que el Sufismo se ve diferente para cada uno de ellos:

Gnósticos: J.W.Redhouse, *The Mesnevi* (Londres, 1881), pág. XIV.

Neoplatonismo y cristianismo: Gertrude Bell, *Poems from the Divan of Hafiz* (Londres, 1928), pág. 49.

Islam chiita, chamanismo, cristianismo: Dr. J:K.Birge, *The Bektashi Order of Dervishes* (Hatford, 1939), pág. 210 y ss.

Brahamanes y budistas, begardos y beguinas: Rev. T.P.Hughes, *Dictionary of Islam* (Lahore, edición 1964), pág. 620

Por último, descubrimos que el profesor R.A.Nicholson concluye que: "El Sufismo es indefinible" (*The Mystics of Islam,* Londres 1914, pág. 8).

Estas reacciones ilustran espectacularmente el "síndrome del elefante en la oscuridad", en el cual hombres diferentes identifican diversas partes de un elefante como un abanico, un pilar, una soga y demás. El cuento original figura en mi *Cuentos de los derviches* (Paidós, Barcelona, pág. 28, edición de ISF Publishing en proceso) y en *Los Sufis* (ISF Publishing, Londres, 2017), a partir de las versiones de Hakim Sanai y Maulana Rumi.

SALUDO AL LADRÓN

Junaid de Bagdad (Abul-Qasim Junaid), del siglo noveno. Su nombre

Súfico fue Príncipe del Grupo (*Sayed el-Taifa*). De erudición formal impecable, por ello fue denominado Pavo Real de los Instruidos (*Taus el-Ulema*). Instruía a sus discípulos formales en público y a los místicos a puertas cerradas. Se concentró sobre una de las ocho formulaciones de Habib Ajami (siglo octavo) y su escuela fue denominada Junaidista *(Junaidia)*. Material adicional en *El camino del Sufi* (ISF Publishing, Londres, 2017) pág. 204 y ss.

EL CRÍTICO

No se pretende que la técnica descrita aquí reemplace los procedimientos humanos ordinarios para evaluar problemas, sino ejercitar un punto de vista adicional además del obvio. Otros ejemplos de pensamiento no lineal figuran en mis libros: *Reflexiones* (ISF Publishing, Londres, 2017), *Caravana de sueños* (ISF Publishing, Londres, 2018) y *La sabiduría de los idiotas* (ISF Publishing, Londres, 2019).

LOS MATERIALES DE LA LOCALIDAD

La referencia es a "Tiempo, lugar y gente" (*Zaman, Makam, Ikhwan*), prosiguiendo con la enseñanza Sufi de acuerdo con las características reales de una situación, no mediante la reproducción de comportamiento dogmático u otras formas externas.

LO EXTRAÑO SE CONVIERTE EN COTIDIANO

Alim Azimi permite ser atacado para dramatizar una situación. Esto se conoce como la técnica Malamati: incurrir en reproche para ilustrar su absurdo; o la superficialidad del atacante o la frivolidad de las suposiciones del público. Explicaciones adicionales figuran en mis libros: *Los Sufis* y *Cuentos de los derviches*.

SERVICIO INVISIBLE

El argumento de que la emoción puede formar una barrera para la percepción.

DESPEDIDO

La cólera empleada con propósitos dinámicos, para mover a alguien, no para humillarlo. Usada frecuentemente por el Mulá Jami y Najmuddin Kubra; ver *Los Sufis* y *Cuentos de los derviches*.

CUATRO COMUNIDADES

Resalta el proceso Sufi de "prescribir" según el individuo con el cual se está lidiando, y no de aplicar técnicas de adiestramiento independientemente de la situación.

SÚPLICAS ACUMULADAS

Afirmación Súfica de que la intención correcta concentra un poder interior que solamente puede beneficiar a otros con una intención igualmente adecuada. Pero esta doctrina niega el principio de que "si es placentero, debe de ser bueno."

OPINIÓN Y HECHO

Esto elimina de plano todas las creencias ordinariamente confortables de que se puede juzgar mediante apariencias. Un procedimiento Malamati (capacidad para incurrir en culpa por un propósito superior) es asombrosamente utilizado solo por los Sufis, quienes lo consideran como la realidad de la cual el masoquismo y el gozar del "sufrimiento sagrado" son la

degradación o enfermedad.
CÍRCULO COMPLETO

No es una historia didáctica: es un "cuento enseñante" que pretende ejercitar la mente a lo largo de senderos poco familiares en vez de inculcar una creencia en un mecanismo oculto. Quienes lo tomen en este sentido serán considerados por los Sufis como propensos a imaginar demasiado.

LOS LOCOS

Ajnabi ("El Forastero") surge frecuentemente en la tradición Sufi como alguien que pone a prueba la sinceridad. Si, por ejemplo, se da dinero, respeto o servicio por motivos de exhibición externa o satisfacción personal, esto tiene que ser desenmascarado antes de que el individuo pueda progresar en la búsqueda de su yo verdadero. Los derviches que buscan privar al "yo artificial" de nutrientes inferiores, por lo general trabajan de este modo y rehúsan regalos y honores.

UN GRUPO DE SUFIS

Experimentos como este son frecuentes en la tradición derviche: el objetivo es revelar las superficialidades del juzgar mediante criterios sociales, no espirituales.

SALIK EN EL CAMINO A QANDAHAR

Una acción ilustrativa de este tipo se emplea tradicionalmente para enfatizar que la esperanza y el temor son factores manipuladores que operan en un nivel superficial. Recientes trabajos occidentales sobre el condicionamiento están dando a conocer lentamente estos mecanismos a la mente moderna. Rabia el-Adawiya acuñó la frase más repetida sobre este asunto cuando dijo: "Señor, si te adoro por temor al infierno, arrójame al infierno. Si te adoro por la esperanza del paraíso, niégame el paraíso. Busco adorarte solo a ti." (Ver *El camino del Sufi* y *Los Sufis*).

AUSENTE

Halqavi transmite muchas "anécdotas-demostraciones" como esta. Su importante *El alimento del Paraíso (Cuentos de los derviches,* pág. 17) fue convertido en un libro para niños por Robert Graves y publicado en 1968 como *The Poor Boy who Followed his Star* (Londres, Cassell). Tal como sucede en muchos cuentos Sufis, los personajes (el rey, el Sufi) en tales intercambios son figuras creadas que representan procesos mentales. Rumi acota en el *Mathnavi*: "La gente dice que estas son historias que ocurrieron hace mucho tiempo. Pero mencionar a 'Moisés' sirve como apariencia externa. Moisés y el Faraón son dos de tus entidades, buen hombre."

TRES MAESTROS SUFIS

Un tema Sufi recurrente: que el

lenguaje tiene otras funciones además del significado evidente de las palabras. El sonido puede afectar al cerebro (ver *El estudio del Sufismo en Occidente,* incluido en *El camino del Sufi*, ISF Publishing, Londres, págs. 21-22); y en situaciones sociales una energía puede ser disipada por otra energía.

CONOCIMIENTO SECRETO

La "terapia de aversión" no es un descubrimiento nuevo. Este relato describe un proceso de extirpación: primero, todos los que son fácilmente influenciados; luego, aquellos que están obsesionados. En este sentido, la selección Súfica de estudiantes difiere completamente de la de otros métodos que buscan a los fácilmente influenciables, a quienes dan la bienvenida como si estuviesen iluminados, e intentan conseguir el apoyo de los obsesos. Se pueden encontrar más ejemplos en mis libros *Caravana de sueños* y *La sabiduría de los idiotas*.

LA HORDA

La capacidad Súfica para desapegarse de objetos, evitando así el desarrollo de la "idolatría" y la fijación sobre factores externos, es útil para la supervivencia y también la enseñanza. Al intentar determinar "en qué creen los Sufis", topándose con contradicciones y desmentidas, los desconcertados comentaristas se han visto forzados por sus propias suposiciones a considerar el Sufismo como algo "caótico" o "dividido en diferentes dogmas". Gracias a una mayor disponibilidad de materiales Sufis en los últimos años en Occidente, y su estudio realizado por observadores sin preconcepciones, ahora está emergiendo un patrón fascinante de evaluación del Sufismo. Poetas, y también científicos, perciben sustancia en los materiales y no insisten en que se les ofrezca un estrecho dogma para aceptar o rechazar. El distinguido poeta Ted Hughes, por ejemplo, dice (en el *Listener*, Londres, 29 de octubre de 1964): "Los Sufis, cifrados en unos cincuenta millones, deben de ser la mayor sociedad de personas sensatas que jamás haya habido sobre la tierra."

INVISIBLE

La acción Sufi es invisible. Su literatura, aunque vital, no es sagrada. "Lo sagrado es aquello que no puede ser destruido" - Tayfuri.

AHMED YASAVI

Los Sufis trabajan utilizando tanto la exclusión como la inclusión de personas, acciones e ideas. Yasavi (m. 1166) figura en las "Cadenas de Transmisión" del Sufismo: la *Naqshbandi* y la *Bektashi*. Fue discípulo del maestro Abu Yusuf Hamadani (m. 1140). Existe una nota sobre él en *Systematics* VI, 4 de marzo 1969, págs. 313-314. Para su enseñanza central, ver mi libro *El libro del libro*

(Londres, ISF Publishing, 2017).
EL VAPOR DE LA
OLLA DE IKHTIARI

Ikhtiari significa "El Hombre que tiene Elección". El Sheikh Imdad Hussein de los Qadiri ha escrito recientemente acerca de la confusión engendrada en Oriente y en Occidente por el comportamiento Sufi deliberado. (Ver *The Secret Garden of Mahmud Shabistari*, traducido por Johnson Pasha, Londres, Octagon Press, 1969).

EL VIAJE

Este ejemplo, de no perjudicar una acción al ocultársela a un participante, está reflejado en varias técnicas Sufis descritas por catorce orientalistas en el simposio de Octagon Press *New Research on Current Philosophical Systems* (Londres, 1968).

NO LO SÉ

Este cuento de la India hace que un hindú identifique a un Sufi mejor que sus propios seguidores. Un estudio reciente sobre la teoría y las técnicas Sufis conectadas con esta característica es *Sufi Studies Today*, de William Foster. (Londres, Octagon Press, 1968).

CÓMO OBTUVO CACHEMIRA SU NOMBRE

Lo inesperado en teoría y acción Sufi. Ver también *Documents on*

Contemporary Dervish Communities de R.W. Davidson (Londres, Octagon Press, 1966).

EL CAMINO QUE PARECE CONDUCIR A LA INUTILIDAD

Incidentes similares y conectados pueden ser encontrados en mis libros: *Reflexiones, Caravana de sueños y El camino del Sufi.*

CUALIDADES

Khidr, "el guía invisible". (Ver *Los Sufis* y *Caravana de sueños*). Este cuento, bien característico del corpus de Khidr, subraya la diferencia entre virtudes

imaginadas y reales.
ANWAR ABBASI

Remarca la opción entre reputación y efectividad. La figura creada de Mulá Nasrudin se utiliza a menudo para este propósito (ver mis libros *Las hazañas del incomparable Mulá Nasrudin* y *Las ocurrencias del increíble Mulá Nasrudin*, Paidós, Barcelona).

PROTECCIÓN

Sahl (hijo de Abdullah de Tustar) fue maestro de Mansur, el gran mártir del siglo X (ver *Los Sufis*). Sus seguidores fueron denominados Sahlis; los derviches en la fase de esfuerzo extremo (*mujahida*) son llamados Sahli, de Sahl.

EL ARISTÓCRATA

Los descendientes de Muhammad incluyen a muchos de los maestros Sufis, entre los cuales figuran Abdul Qadir de Gilán y Bahaudin Naqshband. La tradición de la familia, sin embargo, exige que las capacidades supuestamente heredadas tengan que ser realizadas mediante logros en el mundo ordinario. (Ver *The Family of Hashim* de William Foster, en *Contemporary Review*, Londres, Mayo 1960).

PENA Y ALEGRÍA

La autoobservación implica el análisis de la pena y la alegría. Esto no es lo mismo que la introspección y la preocupación. Innumerables historias Sufis están diseñadas con propósitos de observación.

EL MAGO

Esta es una de las muchas anécdotas Súficas en este libro que se cree que instruyen a diferentes niveles, el fáctico siendo el menos importante. Puede que la familiarización con la literatura Sufi prescrita sea una parte esencial de la preparación del estudiante. La paradoja aparente del Sufi diciendo que "la palabra escrita es insignificante" y que al mismo tiempo insiste sobre su estudio, es que la interpretación de los escritos corresponde a una etapa posterior a la de su estudio. Como el erudito ruso M. Filshtinsky observó recientemente, el material está "normalmente en dos planos. El terrenal en ellos es solo la alegoría de lo divino... En este intercambio mutuo de los planos terrenal y místico yace el secreto de las poderosas influencias ejercidas por los ejemplos más refinados de la lírica Sufi." (*Arabic Literature*, Academia de Ciencias, Nauka, Moscú, 1966, pág. 201)

GRAMÁTICA

Este cuento, como algunos que le siguen, al ser aparentemente crítico con los eruditos ha producido tradicionalmente reacciones enérgicas e indignadas de aquellos que creen que la actividad y la personalidad académica están siendo atacadas. El propósito, sin embargo, es reprochar la pedantería y las suposiciones superficiales o, en el peor de los casos, la mala erudición. El "mal erudito" es la personificación del pobre funcionamiento paralelo de la mente. Para otros ejemplos, ver mi *La sabiduría de los Idiotas*.

INSATISFECHO

El pensamiento Sufi sostiene que la verdad esencial, superior y simple, subyace en las complejidades y palabrería halladas en "niveles inferiores". El método Súfico de "dispersión", sin embargo, implica exponer al estudiante a numerosas extrapolaciones de esta verdad para que una idea pueda formarse en su mente: "Lo conocido es el puente hacia

lo desconocido."
CONVICCIÓN

Generalmente, la gente que cambia sus opiniones imagina que siempre lo hace por motivos racionales; esto ha sido constantemente negado por los Sufis, y estudios recientes de investigadores occidentales muestran que hay otras razones para el cambio de opinión, previamente desconocidas. El profesor Ward Edwards (Laboratorio de Ingeniería Psicológica de la Universidad de Michigan) mostró en 1969 que si bien es cierto que la gente puede llegar a una decisión a partir de los datos que les fueron dados, tienen una gran dificultad para alterar estas conclusiones incluso cuando se les presenta mejor evidencia.

EL CAPTURADOR DE LUZ

La enseñanza Sufi apunta principalmente a preparar al estudiante para experiencias que de otro modo lo confundirían o abrumarían: "Lo inferior se transforma mediante el contacto con lo superior".

INTERPRETACIÓN

La aceptación formal de un discípulo por parte de un maestro no es el comienzo del contacto, sino la demostración externa de una relación que ya existe. Los Sufis interactúan con sus discípulos a través de ejercicios tales como *Sohbat* (compañía), en los cuales no se pronuncia palabra alguna cuando algo es transferido del maestro al discípulo. Tal concepto habría parecido extremadamente raro a pensadores occidentales hasta hace muy poco tiempo. El Dr. E.R. John (en *Science*, vol.159, pág. 1498) reporta cómo los gatos pueden "aprender" experiencias de otros gatos mediante una íntima asociación con ellos: "Parecería que nuestros antepasados, con sus esquemas de aprendices observando pasivamente a sus maestros, también "sabían" – como los gatos observadores – lo que estaban haciendo." (Trabajo en los Laboratorios de Investigación del Cerebro del New York Medical College, reportado en el *New Scientist*, 11 de Abril, 1968, pág. 98).

YUSUF, HIJO DE HAYULA

La oposición al Sufismo (conocido como la Sabiduría Oriental en Europa, denominado así por Roger Bacon en Inglaterra y a través de Andalucía) ha sido continua aunque infructuosa en Oriente. Muchas opiniones occidentales actuales acerca de los Sufis se derivan de este hecho. Ver mi libro *Los Sufis*.

EN CHINA

El conocimiento Sufi, como destacan Rumi, Sanai e Ibn Arabi, se parece poco a las técnicas y a los rostros de "la religión", "la filosofía", "el misticismo" y otros niveles similares de estudio, aunque está conectado con ellos de un modo reconocible.

CAUSAR MOLESTIA

El Sufi es consciente de la probable reacción de su correspondiente, y la incorpora a su forma de actuar. Este es un ejemplo de "enseñanza no percibida". Es más común encontrar ejemplos de enseñanza donde el maestro Sufi se aparta totalmente del experimento para evitar reacciones subjetivas. Un informe reciente de la Escuela Médica de Harvard (*The Times*, Londres, 26 de Junio de 1969) titulado *Los psiquiatras enferman a sus pacientes*, explica cómo las expectativas del individuo hacen que este actúe de cierto modo cuando sabe que el doctor está presente o por visitarlo.

DESALENTANDO A VISITANTES

Los Sufis niegan la necesidad de un ingrediente social o emocional en una situación de enseñanza, en marcada contradicción con otros credos, cuyos partidarios se esfuerzan invariablemente – en teoría o en la práctica – por incluir la mayor cantidad posible de ingredientes subjetivos y comunitarios en contactos de "enseñanza". En ciertos trabajos científicos se puede encontrar un paralelo asombroso con la insistencia Sufi sobre el poder relativamente mayor de la comunicación sutil para influir-afectar al humano, los cuales muestran que todas las cosas vivientes, incluyendo al hombre, son "increíblemente sensibles" a ondas de energía extraordinariamente débiles cuando otras influencias más robustas son excluidas. (Ver *The Cosmic Clocks* de M. Gauquelin (Londres, P. Owen, 1969), págs. 138 y ss., 144 y 169, citando trabajos científicos recientes). Esto constituye un paralelo asombroso con la insistencia Sufi sobre el gran poder relativo de las comunicaciones sutiles para afectar al hombre.

BAHAUDIN

Ocasionalmente la franqueza de Bahaudin Naqshband, así como la de otros maestros del Asia Central, está caracterizada en Jami (ver *Cuentos de los derviches*) y Najmudin Kubra (ver

Los Sufis).

LECTURA

Con una cantidad suficiente de pedantes celosos, que de modo tradicional monopolizan el interés público y a menudo se oponen a los Sufis de la forma aquí registrada, semejante incidente bien podría haber ocurrido en el pasado. Pero el cuento también pretende describir, mediante los personajes de "eruditos" y "caballo", ciertos procesos mentales automáticos.

OJOS Y LUZ

Salih de Merv fue un notable Sufi del siglo XIX. Hay otra respuesta tradicional, citada a menudo, de los

Sufis: "La debilidad visual del búho no es culpa del sol".

KASAB DE MAZAR

Kasab, que quiere decir carnicero, es un nombre poético que significa "alguien que desmiembra los cuerpos de suposiciones irrelevantes para hacer que sus partes sean asimilables del modo correcto."

DIGESTIÓN

Aquí la multiplicidad de contenido y efecto de la enseñanza Sufi es resaltada de un modo característico.

OBJETIVO

Los Sufis no reciben permiso para enseñar hasta que dejan de tener el impulso de enseñar, lo cual podría enmascarar un deseo de atención o poder. Por lo tanto, "la vocación" tiene en el Sufismo un significado especial, y no está vinculada con la creencia de que uno debería extender el trabajo. El enseñar, por lo tanto, está basado en la capacidad, no en el deseo.

EL ALIMENTO DEL PAVO REAL

Esto ilustra el tema Súfico de que las vidas derviches contienen trabajo para el futuro así como para el presente: "Otros sembraron para mí, yo siembro para otros por venir."

EL HOMBRE PERFECTO

El efecto, no la apariencia, es el objetivo derviche. El enfoque que el psiquiatra A. Reza Arasteh hace de Jalaludin (*Rumi, el persa, el Sufi*, Paidós, Barcelona), resaltando la importancia de la experiencia y no de la institución, es muy interesante. Tanto si este estudio tiene éxito como si no, su entusiasta acogida por el célebre Dr. Erich Fromm y su reconocimiento de Rumi como alguien con "una profunda percepción acerca de la naturaleza del hombre", ha contribuido hacia la actual apreciación del Sufismo como un estudio superior del hombre por el hombre, y no – como se suponía anteriormente – como algún sistema híbrido de adoctrinamiento místico-religioso.

COMIENZA AHORA

Este principio de que una fase del trabajo Sufi es para comunidades específicas y que varía según el público, es uno que los Sufistas "institucionalizados" violan más a menudo; y cuyos miembros, aunque más visibles, son menos reconocidos como Sufis por los Sufis.

MIL DINARES

Este cuento de Attar (ver *Los Sufis* para material sobre él) ilustra cómo el sentir la posesión de dinero puede acompañar el imaginado desapego de él. Cuentos similares pueden encontrarse en *El camino del Sufi).*

LAS PRUEBAS TERRIBLES

Junaid, Shibli y Harari son tres de los primeros maestros clásicos (ver *Los Sufis*, *Cuentos de los derviches* y *El camino del Sufi*).

HOMBRES Y CAMELLOS

"Como es arriba es abajo". Una de las numerosas ilustraciones de percepción Sufi en forma de parábola.

EXCLAMACIONES ILUSTRATIVAS

Como en muchos cuentos de Nasrudin, el Sufi está imitando el pensamiento y el comportamiento de su audiencia, para darles una oportunidad de examinarlo, como en un espejo. (Ver *Las hazañas del incomparable Mulá Nasrudin*, y *Las ocurrencias del increíble Mulá Nasrudin*).

ÉXITO EN EL DISCIPULADO

"Capacidad y no deseo" son factores muy importantes en la búsqueda Sufi. Puede que la aspiración suceda primero, pero tiene que hacerse efectiva mediante la capacidad para que el progreso en el Sendero sea posible.

GRANADAS

Todos los verdaderos maestros Sufis ponen a prueba a los posibles estudiantes para ver si desean tiempo, atención, confort o incluso incomodidad en vez de conocimiento y progreso. Este cuento muestra cómo el tiempo puede servir como psicoterapia, no para la iluminación.

ABDALI

Una ilustración de la condición frecuente, a menudo insospechada por el estudiante, cuando este quiere ventajas – y no enseñanza – de un maestro.

SIN CADENAS

Nuri significa "de luz", porque se decía que brillaba en la oscuridad mientras enseñaba. Discípulo de Sari el-Saqati (ver *Los Sufis*), murió en el año 908. Era compañero de Junaid, que lo denominó Espía de los Corazones (Jasus el-Qulub), debido a su reputada capacidad para leer pensamientos. Uno de sus dichos más recordados es: "Este lugar – la tierra – es para el servicio de Dios y para la consecución de la unidad con Dios." Su nombre completo era Hadrat (la presencia) Abul-Hussein Ahmad ibn Muhammad el-Nuri.

MUSA DE ISFAHAN

La capacidad Sufi para estar "*en* el mundo sin ser *de* él" se demuestra por el número asombroso de adeptos que se distinguen en actividades mundanas al mismo tiempo que son importantes en el Sufismo. Tan marcada es esta descarga de capacidad mundana, que ha sido considerada ilustrativa de la diferencia entre el Sufi y otros tipos de místicos que optan por apartarse del mundo o que a lo sumo sobresalen en asuntos mundanos. (ver mi libro *Magia oriental*, ISF Publishing, Londres, 2019).

SANDALIAS

Los cursos cuidadosamente elegidos, que se encuentran en situaciones de enseñanza, para los estudiantes Sufis han sido a menudo tomados por los imitadores como sistemas de aplicación general. Observaciones como esta de Ghulam-Shah deberían leerse bajo esta luz.

LUCHA

"El Sufi encuentra una analogía de su tarea de desarrollo en cualquier nivel de materia o sustancia" (Sheikh Nadaf).

EL INDAGADOR YEMENITA

Se afirma que los libros Sufis se escriben no solo para públicos limitados en el tiempo, sino que también ejercen funciones que en otras culturas no se reconocen como funciones inherentes a los libros. Una razón por la cual tantos Sufis adquieren copias personales de libros es que muchos Sheikhs han insistido en que un libro estudiado por más de una persona ha perdido algo de su sustancia, y puede haberse vaciado de un modo imperceptible.

EL VIAJE DE MINAI

La existencia de un patrón escondido en la vida es un tema frecuente en los cuentos Sufis. Minai significa "esmaltador". (Comparar historias en *Cuentos de los derviches, Caravana de sueños, Reflexiones* y *El camino del Sufi*)

SOLO TRES HOMBRES EN EL MUNDO

Este sorprendente relato de Khidr resalta dos abordajes de la vida: dominar el propio medio ambiente o comprenderlo antes de decidir dónde armonizar y dónde intentar dominar.

EL PALACIO DEL HOMBRE DE AZUL

Expediciones como esta – el derviche poniendo a prueba intencionadamente a la gente para ver si muestran ciertas características y si ellos mismos las perciben – son frecuentes en las vidas de los maestros y en tareas establecidas para discípulos. (Comparar con *Cuentos de los derviches, Caravana de sueños*).

EL HOMBRE QUE QUERÍA CONOCIMIENTO

Hay una creencia extendida, especialmente en los cuentos folklóricos que rodean al Sufismo, de que los maestros verdaderos son "agentes cósmicos del Pueblo Secreto", aquellos que administran la tierra desde tiempo inmemorial y con propósitos eternos. (Comparar mis libros *Destino La Meca* (ISF Publishing, Londres, 2019) y *Los Sufis*).

EL MANTO

Una forma especial del ejercicio de la memoria es una de las técnicas de la "filosofía práctica" del Sufismo.

HISTORIA NO ESCRITA

El error común de confundir el

emocionalismo con la religión o la bondad, que se han santificado por su incorporación en el pensamiento formalizado y socialmente arraigado, de hecho expone al hombre a la manipulación con propósitos diversos, sean constructivos o de otra índole.

LA LEYENDA DEL GANADERO

Una parábola del surgimiento, deterioro, regeneración secreta y degradación final de los sistemas de ideas, tanto en el individuo como en una institución.

LA DESVENTAJA

Este cuento es un "ejercicio interior" diseñado para ser absorbido y ponderado en meditación. El efecto de historias como esta ha sido señalado por varios críticos como algo aparentemente banal y al mismo tiempo capaz de causar un efecto aceptable sobre la mente del lector. Es interesante observar la reacción espontánea de los lectores reflexivos. El editor literario del *Evening News* de Londres, por ejemplo, dice con respecto a este tipo de material: "Tienes que resistir el impulso inicial a rechazar esta especie de cosas como si fuesen apenas una pseudoprofundidad, y entonces rendirte de una vez. Si perseveras, descubrirás que extraños insectitos están poniendo huevos en tu subconsciente; y después de un día o dos comienzan a salir del cascarón... como comportamiento modificado." ("A look at a Book", 15 de Julio 1969).

CÓMO FUNCIONAN
LAS COSAS

Un cuento de meditación, con el propósito de familiarizar a la mente con ciertas estructuras de pensamiento que raramente ocurren del modo ordinario. Material similar se encuentra en *Reflexiones*.

TRES ALDEAS

No es una historia didáctica; este cuento pretende capacitar la conciencia del discípulo para que reflexione sobre relaciones mentales "formalizadas" como gente y acontecimientos. Además, los Sufis modelan tales formatos en cuentos para asegurar su transmisión mediante el recuento con el propósito de entretenimiento. Otros ejemplos figuran en *Cuentos de los derviches*, *La sabiduría de los idiotas* y *Caravana de sueños*.

LA SUTRA DE LA NEGLIGENCIA

Una *sutra* es un biombo u otro objeto interpuesto entre una persona y una posible fuente de distracción durante la oración. La palabra se usa aquí para indicar que la sutra misma puede transformarse en la causa de un descuido al atraer la atención a expensas del pensamiento efectivo.

REMEDIO

Este es un tema de meditación para el desarrollo, y no se pretende que tenga comentario alguno.

EN EL PAÍS DE LOS TONTOS

Este corpus de chistes está diseñado para exteriorizar en formas humanas los patrones de pensamiento individual y explicar que hay incidentes sociales, reales y posibles, paralelos al funcionamiento de la mente. Geoffrey Grigson, el eminente crítico literario, observó recientemente (*Country Life*,

21 de noviembre 1968) un peculiar y ventajoso efecto psicológico de los "chistes" Sufis, e incluso llegó a denominarlos "un valor agregado al lenguaje".

HOMBRE Y SUFI

Corroborando la afirmación Sufi de que el hombre es esencialmente una proyección de su propia fantasía, y aún no se comporta como tal. Mulá Nurudin Abdurrahman Jami (1414-92) fue un ilustre poeta persa, Sufi Naqshbandi y profesor en un colegio especial de Herat. Escribió *Los siete tronos*, del cual se dice que Lawrence de Arabia tomó el nombre para su obra más importante, *Los Siete Pilares de Sabiduría*.

EL LIBRO

Un "cuento de impregnación" que los Sufis de muchas órdenes deberían conocer. Algunos aspectos de los cuentos especiales derviches son examinados en mi artículo: "El cuento enseñante" (en la revista filosófica *Point*, invierno 1968-9).

LA CONDICIÓN DERVICHE

Esto se refiere a cierto "ejercicio de sucesión" mental (referido aquí como "ayer, hoy y mañana") diseñado para brindarle al estudiante la habilidad de elevar su pensamiento a un ciclo más allá de la acostumbrada rutina humana.

LA SALA DE REFLEXIÓN EN DOSHAMBÉ

Subraya la inutilidad de las tareas si se convierten en meros deberes tediosos, y la necesidad de controlar actitudes extravagantes para con un maestro. Una sala Dar el Fikr se considera como un instrumento, no como un lugar para disfrute estético.

APRENDIENDO DE LOS INMADUROS

Un ejemplo de una historia ordinaria que es puesta por escrito y mantenida con propósitos de enseñanza solo con el permiso del maestro. A tales extractos se les asigna a menudo una fecha después de la cual no deben usarse o la fecha a partir de la cual son "activos", que podría anteceder al acontecimiento en sí. Esta costumbre causa a los cronólogos una perplejidad sin fin al datar documentos.

LADRILLOS Y PAREDES

La siempre cambiante forma externa del Sufismo, una fuente de la mayor confusión para eruditos bienintencionados, aquí es delineada de modo conciso con esta parábola cautivadora.

EL POZO Y EL HILO

A menudo la totalidad del trabajo Sufi requiere que incluso grandes figuras del pasado se conviertan, con el paso del tiempo, en solo una parte de un patrón de desarrollo. Esta doctrina de sustitución permite la acción continua de los Sufis a través de maestros alternativos, pero priva a los discípulos de las satisfacciones del culto a la personalidad. Para la teoría de "el contenido, no el contenedor", ver *El libro del libro*, Londres, 2017.

LA ARDILLA

La forma externa de las cosas – que incluye su aspecto social, y por más entretenida que sea para participantes relativamente ignorantes – puede ser vista por un hombre de percepción como la causante de aflicción a otro nivel o bloqueando el progreso en otro ámbito. Es la demostración de este concepto (no, como se imagina, el afecto hacia los insectos) lo que motivó que algunos derviches ataran campanillas a sus zapatos "para advertir a los escarabajos de su acercamiento". Muchos cronistas son de mentalidad tan literal, imaginando que lo figurado significa lo literal, que tales individuos habrían asumido que Diógenes estaba realmente buscando a un hombre con una lámpara a la luz del día, a menos que la interpretación les hubiese sido explicada cuidadosamente.

BAHAUDIN NAQSHBAND DIJO

Nota de Bahaudin: "La expectativa es doble: expectativa de algo anticipado, como el alba; y la expectativa de algo aún no experimentado, como el conocimiento superior. El Sufismo se ocupa de esta última. Es por esto que los Sufis preparan a la gente para lo que puedan esperar."

UNO DE LOS NUESTROS

"Un discutidor ni siquiera entrará al paraíso sin pleito." *Proverbio*

TRES RAZONES

Se ha interpretado que este cuento significa que los Sufis afirman que solo ellos pueden superar la prueba de la manipulación que según ellos es el medio por el cual la religión formalizada es mantenida. Pero en escuelas Sufis se emplea la anécdota para destacar la afirmación de que hay una función adicional de la mente que puede ser desarrollada.

EXILIO

Una ilustración de la absurdidad de aplicar comparaciones ordinarias a la reconocida relación entre "este mundo y el otro". Se puede encontrar auténtico material Sufi sobre este tema en *Textos Sufis*, Buenos Aires 1982.

LA MEDICINA

Las instrucciones del maestro se originan en un patrón invisible, y por ende el cumplimiento de todas las reglas es de suprema importancia. Algunas reglas típicas figuran en mi libro *Magia oriental* (capítulo 7) y en *Los Sufis*. Los imitadores, observando la reticencia de los derviches a introducir demasiadas reglas, algunas veces han establecido grupos sin ninguna regla, con el consiguiente caos resultante.

LA RESPUESTA DE ANSARI

Aquí se alude a la soberanía de la comunidad Sufi y a la preeminencia otorgada a sus adeptos en muchos lugares. Tradicionalmente los descendientes del Profeta (incluyendo a Bahaudin) tienen preeminencia social sobre monarcas no hachemitas, ya que ninguna autoridad nacional puede otorgar o retirar el título de Sharif o Sayed (comparar con Sir Olaf Caroe, en *The Times,* Londres, 25 de noviembre 1967, *Cartas al editor*).

LOS REGALOS

Este ejercicio está diseñado para instruir a los estudiantes en cómo evitar suposiciones fáciles y observar las situaciones más detenidamente. Pocas personas son conscientes de cómo los materiales tradicionales de este tipo están recibiendo la atención de investigadores científicos. Un interesante ejemplo reciente es el memorándum de investigación de *The Unfolding of Man* (EPRC-6757-

3) por el distinguido Profesor Claudio Naranjo, llevado a cabo a través del Standford Research Institute y apoyado por la U.S. Office of Education, Bureau of Research, Washington. Hace solo unos años habría sido impensable cualquier investigación de la "trasformación humana" bajo auspicios tan distinguidos.

EL ZORRO QUE FUE HECHO SUFI

Un típico ejemplo de una anécdota entretenida que incluye el ejercicio de poderes taumatúrgicos atribuidos frecuentemente a Sufis desarrollados, con otras interesantes características. En círculos Sufis se considera que este cuento también contiene un importante marco interno para el desarrollo mental.

CUANDO UN HOMBRE VIENE A VERTE...

Los Maestros (*Khwajagan*) son famosos por especializarse en intercambios telepáticos con discípulos y otros. Se cree que este método, aparte de tener otras ventajas, hace innecesario el evitar condiciones psicológicas subjetivas en individuos adecuados para permitir la "llamada de corazón a corazón".

———————— UN PEDIDO ————————

Si disfrutaste este libro, por favor deja una reseña en Goodreads y Amazon (o donde quiera que hayas comprado el libro).

Las reseñas son el mejor amigo de un escritor.

Para estar al tanto de las novedades acerca de nuestros próximos lanzamientos o noticias de la Idries Shah Foundation, apúntate a nuestra lista de correo:

✉ http://bit.ly/ISFlist

Y para seguirnos en las redes sociales, usa cualquiera de los siguientes enlaces:

🐦 https://twitter.com/IdriesShahES

f https://www.facebook.com/IdriesShah

▶ http://www.youtube.com/idriesshah999

P http://www.pinterest.com/idriesshah/

g http://bit.ly/ISgoodreads

t http://fundacionidriesshah.tumblr.com

◉ https://www.instagram.com/idriesshah/

http://idriesshahfoundation.org/es

www.ingramcontent.com/pod-product-compliance
Lightning Source LLC
Chambersburg PA
CBHW022056090426
42743CB00008B/629